AF453898

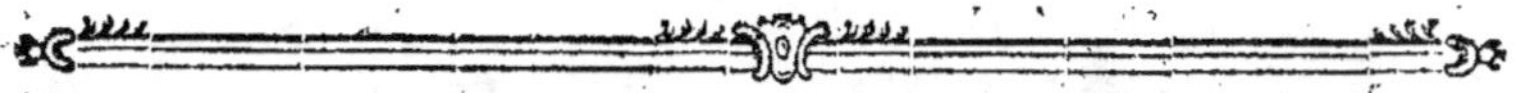

EXTRAIT

Des Regiſtres de Délibérations de la Commune de la Ville Saint-Pierre, Isle - Martinique , du Dimanche 18 Avril 1790.

L'AN mil ſept cent quatre-vingt-dix, & le dix-huit Avril, la Commune & la Municipalité de la Ville de Saint-Pierre, étant extraordinairement aſſemblée en la Maiſon-de-Ville, & préſidée par M. le Maire ;

Il a été unanimement arrêté que MM. Ruſte & Arnaud Decorio, qui ont été nommés dans les Séances des quatre & cinq de ce mois, à la pluralité des ſuffrages recueillis par la voie du ſcrutin, Députés auprès de l'Aſſemblée Nationale, ont, pour miſſion ſpéciale, de défendre les intérêts des Citoyens de Saint-Pierre, & d'employer tous les moyens qui ſont en eux, pour leur faire obtenir juſtice auprès de l'Aſſemblée Nationale, ſur tous les points dans leſquels les Citoyens ſe ſont trouvés en diviſion & dans un état d'oppreſſion , ſoit avec M. le Comte de Viomenil , ci-devant

A

Gouverneur-Général , foit avec l'Affemblée foit-difant générale de la Colonie, foit avec le Régiment de la Martinique ; de foutenir les Adreffes déjà préfentées, ou qui pourront l'être par la fuite , à l'Affemblée Nationale, par la
Commune & la Municipalité ; développer en conféquence
les faux principes de la Conftitution de l'Affemblée foit-
difant générale , fon illégitimité , fa nullité , fes fyftêmes
inouis , vexatoires & entièrement oppofés à fa nouvelle
Conftitution ; qu'elle a mis en avant les erreurs dans lefquelles elle a induit une partie de l'Isle ; les funeftes effets
qui en ont été la fuite ; les divifions , les guerres civiles
& tous les faits qui dans ces derniers jours ont été pouffés
fi loin , que dans une partie de la France , les plus
grands ennemis de fa régénération ne fe font pas livrés à
des excès femblables.

D'établir au contraire la conduite de la Ville de Saint-
Pierre dans fon plus grand jour ; fa marche toujours conforme aux principes de l'Affemblée Nationale ; fa fermeté
pour y rappeller tous ceux avec qui elle a été dans le
cas de traiter ; fa fageffe qui a toujours contenu les plus
grands mouvemens de l'effervefcence patriotique ; de fa
tendance à la régénération , fa conftance à attendre des
auguftes Repréfentans de la Nation , les Décrets propices
aux Colonies ; & enfin tout ce qu'elle a fait d'honorable
& digne du Nom Français.

De foutenir fa caufe dans l'affaire du Régiment de la
Martinique , & d'obtenir la punition des coupables , &
publier par-tout ce que cette affaire produit de glorieux

& d'intéreffant , la réunion , la Confédération de toutes les Isles.

De faire connoître la conduite odieufe de M. le Comte de Viomenil , le fyftême d'oppreffion qu'il n'a ceffé de fuivre, & d'obtenir contre lui le jugement févère des Peres de la Patrie.

De publier , imprimer tous Ecrits , Mémoires ; qu'ils jugeront convenables au fuccès de leurs démarches , & toutes Pieces qui leur feront remifes par le Secrétaire-Greffier de la Municipalité , ou qui pourront leur être adreffés par la fuite.

D'entretenir par toutes voies la correfpondance la plus active avec la Municipalité.

D'employer le miniftère de tels Avocats ; défenfeurs dans l'Affemblée Nationale & auprès d'elle, qu'ils jugeront convenables, & de faire généralement tout ce qui dépendra d'eux pour le fuccès de leur miffion; qui dans le cas où on ne parviendroit pas à former une Affemblée dans la Martinique , conformément au Décret National dont la renommée vient de l'inftruire, elle fera par la fuite fes obfervations & réclamations particulières ; invitant toutes les Places qui font intéreffées à la même caufe, tous les amis de la Patrie, tous les Français qui jouiffent déjà des bienfaits de la régénération , à donner tous fecours & toute

protection aux Députés de la Ville de Saint-Pierre qui réuniffent en même tems le vœu de plufieurs autres Paroiffes,
& qui ne font que les interprêtes des Français des Colonies , qui afpirent au même bonheur que toute la
France.

Collationné fur le Regiftre des Délibérations de la
Commune, à Saint-Pierre-Martinique, ce 18 Avril
1790.

Signé, MARTIN, Secrétaire de la Commune,
& CRASSOUS DE MEDEUIL , Secrétaire.

Certifié conforme à l'expédition qui eft en notre
pouvoir.

ARNAUD DECORIO, Député, RUSTE, Député.

MÉMOIRE

D E la Ville de Saint-Pierre, Isle Martinique, fur les Evénemens arrivés depuis le 21 Février, jufqu'au 13 Mars 1790.

P ENDANT que la France jouit du triomphe qu'elle a remporté fur le monftre qui la dévoroit ; pendant que le defpotifme y paroit étouffé fans efpoir de retour, la Martinique eft la retraite qu'il a choifie pour y prolonger fa vie affreufe, & y exercer encore fa rage, avant de rendre le dernier foupir. M. le Comte de Viomenil, envoyé pour gouverner cette Colonie infortunée, a déployé toutes les reffources de fon génie pour empêcher la régénération d'y pénétrer ; & la Ville de Saint-Pierre, objet continuel de fes vengeances contre laquelle il avoit fans ceffe dirigé les ordres les plus fanguinaires, a été le Théâtre où, pour confommer l'ouvrage, les armes des Soldats devoient s'aiguifer contre les Citoyens.

M. de Viomenil avoit choifi M. Duboulet, Capitaine au Régiment de la Martinique, pour commander les trois Compagnies qui compofoient la Garnifon de Saint-Pierre ; cet Officier étoit juftement fufpecté de nourrir dans fon cœur des fentimens femblables à ceux de fon Chef ; il ne tarda pas à vérifier les foupçons.

Vers le commencement du mois de Février, il parut au Spectacle avec une cocarde blanche ; le Peuple s'en plaignit ; M. Rufte, Echevin, en prévint M. de Laumoy, Commandant, qui promit d'y mettre ordre. Le fieur Duboulet quitta la cocarde, mais il fit connoître que l'outrage & l'infulte étoient dans fon cœur : il dit que s'il ne prenoit pas la cocarde, c'eft qu'il la méprifoit ; que s'il pouvoit, il la fouleroit aux pieds, & qu'il la tremperoit dans le fang de toute perfonne qui voudroit la lui faire prendre (1).

Ces propos ne pouvoient manquer de conduire à quelqu'éclat fâcheux ; il eut effectivement lieu le Dimanche 21 Février : c'étoit au Spectacle que le fieur Duboulet devoit confommer fes projets. Il s'étoit placé en évidence aux fecondes Loges ; il n'avoit point de cocarde ; quelques Jeunes Gens allerent lui en préfenter une entre les deux Pieces ; il la refufa ; il avoit, difoit-il, la fienne chez lui ; il n'en avoit même pas befoin, il la portoit dans fon cœur. Il finit par un refus formel, & déclara qu'il ne la prendroit que lorfqu'il en recevroit l'ordre.

M. de Laumoy fe rendit à la Loge & lui ordonna de prendre la cocarde ; vous me l'ordonnez, dit le fieur Duboulet, par trois fois différentes : eh bien ! je la prends par votre ordre, & non par celui du Peuple. Ce propos révolta tous ceux qui l'entendirent, il fut répété au Parterre, qui cria plus fortement au fieur Duboulet de prendre la cocarde. Alors s'élevant & tenant à la main fa canne & fon épée, il s'écria : que voulez-vous de moi, Meffieurs ? Voulez-vous que je defcende ? Reftez ou defcendez, lui répondit-on ; mais prenez la cocarde.

Tout le Spectacle étoit en rumeur ; les Citoyens, les Officiers du Régiment, ceux de la Marine, fe répandoient tumultueufement dans les corridors, lorfque le fieur de Rancé, Officier du Régiment, fe levant dans la Loge du Général, fe mit à crier : il y a 500 perfonnes ici qui ne la portent pas, qu'ils commencent par la prendre & nous la prendrons ; il accompagna cette apoftrophe d'expreffions indécentes, dont il demanda enfuite excufe aux Dames ; mais l'effroi fe répandit parmi elles. Le fieur de Rancé fe mêla

____

(1) Voyez l'Information § I, N. IV, 12, 22, 27 & 29e Témoins.

dans la foule en jurant, & eut l'indécence de dire que le lendemain il couperoit les oreilles à cinquante Jean F..... de Bourgeois qui ne la portoient pas. Prenez garde aux vôtres lui dit quelqu'un ; & de ce moment il alloit se passer quelque scene violente, sans les soins de M. Eyma, Officier Municipal, qui eut cependant beaucoup de peine à calmer l'émotion.

Pendant que l'intérieur du Spectacle s'appaisoit, les Officiers se réunirent au-dehors ; leurs plaintes menaçantes sur la maniere dont on avoit fait prendre la cocarde au sieur Duboulet, perpétuoient le désordre. M. Eyma s'y transporta & eut à soutenir avec le sieur Malherbe, Capitaine en second, un choc pénible ; il l'engageoit à se retirer pour rendre la tranquillité au Spectacle, où les Dames étoient fort épouvantées. Il lui représentoit qu'il pouvoit y avoir des torts de part & d'autre. Monsieur, lui dit le sieur Malherbe, vous nous jugés, en disant qu'il y a des torts de part & d'autre ; c'est nous en supposer. L'Officier Municipal n'opposa que de la modération. Je ne vous juge pas, dit-il, mais je vous répete qu'il peut y avoir des torts de part & d'autre : je pourrois cependant en ma qualité me servir de l'une & de l'autre expression pour ramener l'ordre. Le sieur Malherbe insista long-tems & ne se retira, qu'entraîné par ses Camarades, en menaçant toujours & en prouvant par ses gestes le peu de cas qu'il faisoit des recommandations de M. Eyma (1).

On ne devoit prévoir aucune suite de ces écarts, parce qu'on devoit s'attendre que les Officiers seroient rappellés à leur devoir par le Commandant ; mais le Lundi matin, le sieur Malherbe, le sieur Rancé & six ou sept autres Officiers descendirent en se tenant ensemble du côté du mouillage ; ils avoient la cocarde Nationale, & leur contenance annonçoit leur dessein. Ils parcourutent ainsi toute la grande rue ; enfin, quelques Jeunes Gens irrités de leur ton insultant, s'approcherent d'eux ; il se rassembla beaucoup de monde, & pendant ce moment les Soldats formant la Garde de la batterie d'Enots, reçurent ordre de leur Sergent

---

(1) Voyez les Pices Justificatives § I, le Procès-verbal N. I, l'Information N. IV, 2, 9, 10, 14, 15, 16, 20, 22, 24 & 27e Témoins.

de charger leurs armes, & se rangerent devans la porte du Corps-de-Garde ; mais le sieur Malherbe les fit rentrer ; il rejoignit ensuite la foule, & entr'autres propos, il déclara que les Officiers étoient quatorze, & que s'il se trouvoit parmi les Bourgeois un pareil nombre, ils n'avoient qu'à venir les trouver (1).

Le cartel étoit précis ; cependant comme on se sépara avec une apparente tranquilité, M. le Merle de Beaufond, Officier Municipal, qui s'étoit transporté sur les lieux, ne crut pas qu'il dut avoir des suites. Il fit avertir le Maire qui prévint lui-même M. de Laumoy ; & dans ce moment encore, il étoit au pouvoir de ce Commandant d'éviter de grands maux ; mais il n'en fit rien ; & la conspiration la plus horrible se trama contre les Citoyens.

Pendant que quatorze Jeunes Gens se disposoient à répondre à l'appel qui avoit été fait par les Officiers ; ceux-ci préparoient le carnage. Les sieurs Duboulet & Malherbe se rendirent à onze heures aux Cazernes ; ils assemblerent leurs Soldats & le sieur Malherbe employa tous les moyens de séduction pour les armer contre les Bourgeois. S'excuser de la rigueur avec laquelle il les avoit traités, en accuser l'empire trop sévere du devoir, jouer l'affection, l'attachement, les appeller ses Camarades, les émouvoir en leur représentant les Officiers prêts a être assassinés par les Bourgeois ; tels furent les pieges par lesquels le sieur Malherbe leur fit perdre de vue leur serment, & quand il se crut sûr d'eux, il leur fit distribuer des cartouches à balle, & leur recommanda de se tenir prêts, comme s'il devoit y avoir exercice le soir. Les dispositions étoient si positives, qu'à une heure après-midi la Sentinelle qui étoit à la porte de M. de Laumoy chargea son arme par ordre du Sergent d'ordonnance (2).

Sur les deux ou trois heures, les quatorze Jeunes Gens, qui n'avoient que leurs épées, partirent avec confiance pour aller trouver les

______

(1) Voyez les Pieces Justificatives § I, N. II, l'Information N. IV, 13, 14, 19, 20, 21, 25, 26 & 28e Témoins.

(2) Voyez les Pieces Justificatives § I, l'Information N. IV, 1, 3, 4, 5, 6, 7 & 8e Témoins.

Officiers,

Officiers, le defir de voir le combat attira fur leurs pas une foule non armée, & le defir de l'empêcher y porta auffi-tôt les Membres de la Municipalité & des Repréfentans de la Commune.

La jonction fe fit dans la rue *de la Nobleffe*, aujourd'hui *de Foulon*. Les Officiers refuferent de fe battre corps à corps : on étoit dans l'agitation ; les explications étoient vives ; mais tout fe paffoit en paroles, lorfque le planton du fieur Duboulet, qui ne l'avoit pas abandonné, ayant couru vers les cazernes, on entendit crier que la Troupe fe mettoit en marche ; & le fieur Malherbe dit en même tems à M. le Merle de Beaufond qui l'arrêtoit, j'y vais. Eft-ce que nous avons quelque chofe à craindre des Soldats, dit M. Beaufond ? Le fieur Malherbe lui échappa en difant, il faut que j'aille les arrêter ; alors on cria aux armes.

Au même inftant il fe paffoit aux cazernes un fpectacle d'horreur ; la générale battoit, les Troupes fe rangeoient en bataille, fe mettoient en marche ; un Citoyen voulut les arrêter, en leur rappellant leur ferment ; un Officier lui dit : Monfieur, vous n'avez rien à commander ici. M. de Foulon, Intendant arriva ; il fe précipita au-devant des Soldats ; fes efforts, ceux du Maire & des Échevins qui étoient accourus obtinrent de M. de Laumoy auffi préfent, de les faire rentrer ; mais ce fut pour fe mettre aux fenêtres, d'où ils coucherent le Peuple en joue, & tous ceux qui étoient là virent la mort dirigée contr'eux. L'un des quatorze prit un Officier au collet, & lui porta l'épée fur le cœur ; il déclara que fa vie répondoit du moindre mouvement des Soldats ; enfin, ceux-ci fe retirerent. M. de Laumoy, mêlé, avec le Peuple, fe réunit à la Municipalité ; mais fon devoir n'étoit-t-il pas de fe mettre à la tête des Troupes, pour arrêter leurs mouvemens (1).

L'alarme fe répandit bientôt dans toute la Ville. Chacun s'arma comme il put ; le mouvement étoit de marcher pour enlever les fieurs Duboulet & Malherbe, auteurs de tout le mal, & aucun danger n'eut arrêté. M. le Maire & les Officiers Municipaux parvinrent à contenir cette premiere impétuofité. Ils requirent de M. de Laumoy, que les Troupes fortiffent

---

(1) Voyez les Pieces Juftificatives, §. I. Procès-verbal N°. III. Informations N. IV, 3, 4, 15, 17, 18, 19, 20, 21, 22, 23, 24 & 28ᵉ Témoins.

B

à l'inftant de la Ville pour fe rendre au Fort-Royal. L'ordre fut donné; le Peuple demanda qu'on livrât les deux Officiers. M. de Laumoy leur fit donner ordre de fe rendre. M. le Maire, M. l'Intendant s'étant mis à la tête du Peuple, les prirent fous la fauve-garde de la Municipalité, & ils parvinrent, fans aucun mal, à l'Hôtel-de-Ville.

Ils avoient fans doute tout à craindre des effets de la plus jufte indignation. Cependant le Peuple n'exprima que le vœu de les faire embarquer auffitôt pour France, & les foumettre au jugement des Auguftes Repréfentans de la Nation. Toute la fureur qu'ils avoient infpirée fe borna à leur demander leurs furtous dont ils fe dépouillerent, & qui furent déchirés comme venant de deux hommes indignes de porter l'uniforme ; ils furent enfuite conduits en prifon au milieu des malédictions qu'ils avoient fi bien méritées (1).

Pendant ce tems, les Troupes étoient forties de la Ville, mais après ce qu'elles avoient fait, il y avoit tout à craindre. Le Peuple refta fous les armes. M. le Maire établit les poftes & mit dans la défenfe autant d'ordre que le trouble univerfel pouvoit le permettre : il écrivit auffi à M. de Viomenil pour lui faire part des événemens (2). Quant à M. de Laumoy, il profita de la nuit pour fe rendre au Fort-Royal, déguifé & fous un nom fuppofé. Les Bâtimens du Roi qui étoient en rade appareillerent.

Quelques terribles que fuffent les circonftances de cette fatale journée, elle n'auroit eu aucune fuite fâcheufe, fi la conduite des Repréfentans du Peuple eût été fecondée par le Gouverneur-Général. Il falloit pourvoir au maintien de l'ordre autant qu'à la sûreté. Dans la matinée du Mardi, toute la Ville s'étant divifée en Diftricts, fe forma en Milice Citoyenne, nomma fes Officiers, & le Chevalier d'Hers, par une infpiration unanime, fut nommé Commandant général.

Il falloit inftruire le procès des Officiers coupables, pour éclairer l'Affemblée Nationale fur les faits qu'elle avoit à juger. Les procès-verbaux des faits avoient été dreffés fur-le-champ. La Commune, conjointement

---

(1) Voyez les Pieces Juftificatives §. I, Procès-verbal N. III.
(2) Voyez les Pieces Juftificatives §. II, N. I.

avec la Municipalité, nomma des Commiffaires pour procéder à une information complette; elle fit mettre les fcellés chez M. de Laumoy, que fa fuite rendoit fi fufpect, & chez le fieur Duboulet.

A onze heures arrive une lettre de M. de Viomenil, foufcrite par plufieurs Officiers du Régiment de la Martinique & d'autres Corps qu'il avoit réunis : il demande que les deux Officiers foient rendus & renvoyés fur-le-champ au Fort-Royal, pour y être jugés avec la plus grande févérité par le Confeil de guerre ; il regarde ce moyen comme le feul convenable pour empêcher les Compagnies forties de Saint-Pierre d'y retourner; le *parti*, dit-il, *auquel elles paroiffent inclinées dans l'obligation où elles fe croient de défendre ces Officiers*; il ajoute dans un Poftfcriptum qu'il y a *une très-grande fermentation dans les Soldats du Régiment de la Martinique qui les avoit fait configner au Fort, mais qu'ils demandent une prompte réponfe* (1).

Les Compagnies étoient encore près de Saint-Pierre, & le Général annonçoit leur deffein d'y retourner pour défendre les coupables; il annonçoit des deffeins femblables dans le Régiment entier, & il ne voyoit de moyen de les calmer que de renvoyer les Officiers au Tribunal militaire pour prononcer entre des Militaires & le Peuple : une pareille lettre devoit donner des inquiétudes. Le Maire la communiqua au Peuple qui perfifta plus fortement à foumettre l'affaire au jugement de l'Affemblée Nationale; & les Sieurs Duboulet & Malherbe furent embarqués à l'inftant fur le navire *les Coufines de Bayonne*, capitaine la Couture qui étoit prêt à faire voile ; il fut pourvu à ce que leurs effets fuffent embarqués avec eux , & M. l'Intendant les munit de Lettres-de-change fur fon Banquier; le même Bâtiment fut chargé d'une adreffe à l'Affemblée Nationale, portant dénonciation des faits (2).

Une feconde lettre de M. de Viomenil vint alors accroître les inquiétudes. Il réclamoit avec plus d'inftance les deux Officiers, pour les faire punir comme ils le méritoient, & il annonçoit que les Soldats du Fort-Royal étoient fort irrités; il déclaroit que deux habitans de Saint-Pierre étant

---

(1) Voyez les Pieces Juftificatives §. II , N. II.

(2) Voyez les Pieces Juftificatives §. I, N. V. §. II , la Lettre N. III.

arrivés le matin au Fort-Royal, il auroit pu *les garder pour otage*, & *vous conviendrez*, difoit il, *que c'eſt une offenſe bien grave pour tout ce qui porte l'uniforme, d'avoir déchiré leurs paremens* (1).

Ainſi le Général, en parlant de punir les deux Officiers, détournoit les yeux de deſſus leur crime pour accuſer lui-même le Peuple. L'uniforme offenſé lui paroiſſoit juſtifier la fureur des Soldats ; & en parlant de retenir des otages, il annonçoit aſſez qu'il falloit ſe diſpoſer à la guerre.

Il n'y avoit que deux partis à prendre ; d'un côté mettre la Ville dans un état reſpectable de défenſe : M. le Maire y pourvut avec une activité bien au-deſſus de ſon âge. La cauſe du Peuple lui rendoit toute ſa vigueur. D'un autre côté, manifeſter les ſentimens de la Ville, en faiſant une déclaration préciſe, que perſonne n'a eu intention d'inſulter le Corps ni l'Uniforme ; la Municipalité écrivit le même ſoir au Régiment une lettre expreſſive & franche (2), & M. de Molerat, Major Commandant, qui n'avoit point abandonné Saint-Pierre, fut prié de s'en rendre porteur ; comme devant y donner plus de poids par ſa préſence. Le Maire écrivit auſſi à M. le Général, pour l'engager à éclairer les Soldats, & à diſſiper toute fauſſe interprétation ſur ce qui regardoit l'Uniforme (3).

Le 24, le retour de M. Molerat étoit attendu avec l'impatience de l'eſpoir que devoit donner une démarche généreuſe ; il arriva & qu'apporta-t-il ? Rien de la part du Régiment ; la lettre de la Municipalité avoit été lue aux Officiers ; elle ne l'avoit point été aux Soldats, & les Officiers ſe taiſoient ; mais cet affreux ſilence étoit expliqué par une lettre nouvelle de M. le Général. Ce ſeroit en affoiblir les termes que d'en donner un extrait ; il faut la lire en entier pour concevoir l'effet qu'elle dut produire ſur les eſprits (4).

Les Femmes fuyoient à la Campagne ; les récits particuliers de ceux qui avoient été au Fort-Royal augmentoient l'épouvante ; mais ce tableau

---

(1) Voyez les Pieces Juſtificatives §. II, N. III.

(2) Voyez les Pieces Juſtificatives §. V, N. I.

(3) Voyez les Pieces Juſtificatives §. II, N. V.

(4) Voyez les Pieces Juſtificatives §. II, N. .VI.

horrible d'Officiers, de Soldats furieux qu'on ne pouvoit plus contenir ;
à qui il falloit des cartouches pour venir venger le puéril efprit de
Corps, ne fit qu'animer le courage des Citoyens. Ils fe difposerent à
recevoir, comme ils devoient, des hommes qui, ayant oublié les fermens
les plus facrés, paroiffoient capables de tous les excès, & leurs difpofitions furent vigoureufement fecondées par les Capitaines & Equipages
des Bâtimens François qui étoient fur la rade, & par les Anglo-
Américains.

Cependant les Repréfentans du Peuple ne négligerent aucuns moyens
d'éviter les maux dont on étoit menacé. Quel avoit pu être le but de
M. de Viomenil, en écrivant comme il l'avoit fait ? Avoit-il voulu fe
faire un jeu de femer l'épouvante ?

Il ne vouloit pas voir que le Peuple n'attaquoit perfonne ; que dans la
journée du 21, après avoir échappé à la mort que deux perfides lui
préparoient, il n'avoit fait qu'exercer fur eux une vengeance bien modérée ; que depuis ce tems, il étoit menacé & n'avoit travaillé qu'à appaifer
les menaces. Il abandonnoit le Peuple, il l'accufoit, il fembloit fe réunir
au Régiment pour élever des prétentions qu'il devoit anéantir. Le Maire
le rappella avec la plus grande énergie à fes obligations. La Municipalité
entiere lui déclara qu'elle le rendoit perfonnellement refponfable envers
la Nation de tous les maux que ce défordre alloit entraîner (1).

M. l'Intendant fut follicité d'aller lui-même au Fort-Royal ; il avoit
mérité la confiance des Soldats. Son crédit perfonnel lui avoit procuré
l'argent néceffaire pour acquitter les répétitions qu'ils avoient faites contre
leurs Chefs quelque tems auparavant ; il pouvoit les faire revenir des
fauffes idées dont ils paroiffoient imbus ; il partit fans héfiter.

Tandis qu'on recouroit à ces précautions ; on apprit que le fieur Duboulet & Malherbe avoient été enlevés du navire où ils étoient par la
Frégate la Gracieufes & qu'ils étoient rentrés au Fort-Royal. Cela n'avoit
pu fe faire que par ordre de M. le Général. Ils avoient même paru au
Fort-Royal en liberté & décorés de l'uniforme ; il s'embloit réfulter que
ce chef époufoit décidemment la querelle du Régiment qu'il vouloit

---

(1) Voyez les Pieces Juftificatives §. II, N. VII & VIII.

fouftraire les coupables au jugement de l'Affemblée Nationale : c'étoit
une nouvelle obligation de fe tenir fur fes gardes

Le 26, M. l'Intendant arriva, mais il ne put tranquillifer les efprits,
il n'avoit point parlé aux Soldats. Les récits de ce qu'il avoit vu & entendu au Fort-Royal étoient trop analogues à ce que M. le Général avoit
écrit, pour croire que le Régiment fut ramené à des fentimens plus juf-
tes, & toutes les lettres infpiroient la plus grande défiance.

Il parut auffi que des foupçons odieux avoient été jetés parmi les
Officiers de la Marine contre le Peuple de Saint-Pierre ; que M. de Vaugiraud, Capitaine de la Frégate la Gratieufe, s'étoit plaint de projets hoftiles contre les bâtimens du Roi. La Municipalité s'empreffa de détruire
ces fauffes infinuations par une lettre à M. de Pontevez-Gien, Commandant des forces navales de la ftation : elle lui exprime fa reconnoiffance
des foins qu'il avoit pris pour arrêter la fermentation des Soldats; elle
lui déclara même que fi les mouvemens dont on étoit menacé avoient
lieu, ce feroit à lui qu'elle s'adrefferoit pour reclamer l'exécution du Décret protecteur de l'Affemblée Nationale (1).

D'un autre côté, les Capitaines de Navires françois lui envoyerent une
députation pour reclamer fa protection en faveur du Commerce.

Toutes ces démarches ne produifirent encore rien; un nuage épais
couvroit les yeux, & plus le Peuple faifoit de pas pour éviter une guerre
injufte, plus on vouloit lui faire acheter la paix.

Une lettre de M. de Pontevez-Gien du 27, fut reçue le même jour;
il exprimoit avec nobleffe les fentimens de la Marine & les fiens ; mais
il ne tranquillifoit pas, il s'expliquoit fur l'enlevement des deux Officiers
comme d'une démarche qui avoit paru néceffaire pour arrêter l'effervefcence du Régiment ; mais en annonçant qu'elle feroit réparée vis-à-vis
du Peuple par le départ de ces deux MM., ainfi qu'il l'avoit prévu lorfqu'il avoit tranfmis l'ordre de les prendre ; il ne diffimuloit pas que le
Régiment leur donnoit un camarade chargé de les préfenter à l'Affemblée Nationale : c'eft-à-dire de les défendre, & il parloit de nouveaux in-
conveniens; il difoit pofitivement que le retour de la garnifon de

____

(1) Voyez les Pieces Juftificatives §. III, N. I & II.

Saint-Pierre , ainfi que l'effervefcence du bataillon de Sainte-Lucie , & le défir ardent qu'il témoignoit de fe joindre aux deux bataillons du Fort-Royal, pour *aller demander des réparations à la Ville de Saint.-Pierre* avoit ranimé la colere ; il infinuoit qu'il faudroit encore quelque démarche qui pût les fatisfaire (1

Une lettre de M. le Général exprimoit en d'autres termes le défir de voir couronner par le fuccès les folles prétentions du Régiment. Il y prodigue les injures les plus ameres ; il ne voit que des monftres , que fcélélérats , qu'impofteurs appliqués à mal interpréter fa conduite , à l'accabler d'injuftice, d'ingratitude & d'outrage pour récompenfe des fervices effentiels qu'il a rendus à la Colonie ; il exalte la délicateffe qu'il a mife à renvoyer les deux Officiers en France , après les avoir fait enlever pour fatisfaire les foldats qui leur font, dit-il, fort attachés ; & fa follicitude pour la conciliation lui fait propofer d'envoyer fix Députés au Régiment pour lui donner l'affurance que le Peuple n'a pas voulu infulter à l'uniforme, & pour lui rapporter en réparation les deux habits qu'il reclame. Il ne craint pas de relever une accufation qu'il prétend lui être faite , d'avoir promis aux Troupes le pillage de Saint-Pierre ; il invite des citoyens à être témoins du démenti qu'il doit donner à ce propos , en face du Régiment. (2) Mais le peuple avoit écrit de fon propre mouvement une lettre oftenfible qui confacroit fes fentimens fur l'honneur du corps; il l'avoit publiée , & le Général l'avoit rejettée comme portant un caractere de féduction; quel caractere auroit-il donc voulu imprimer aux Députés qu'il demandoit ?

Les deux habits n'exiftoient plus ; il falloit en acheter pour en offrir au Régiment ; eut-il pris cette offrande pour une réparation d'honneur ou pour un outrage fanglant ?

Le démenti d'un propos incendiaire dont aucun écrit n'avoit parlé & que la prudence devoit étouffer ; ce démenti fait à la tête des Troupes & en préfence de Saint-Pierre , n'eut-il pas été lui-même auffi incendiaire que le propos ?

---

(1) Voyez les Pieces Juftificatives §. III , N. III.

(2) Voyez les Pieces Juftificatives §. II , N. IX.

La demande de M. le Général avoit de quoi épouventer ; la Municipalité évita jufqu'à la propofition , & ne lui répondit qu'en lui rappellant les moyens que fa place lui donnoit & que le Peuple lui avoit fournis lui-même pour diffiper les vapeurs dont le Régiment paroiffoit frappé (1).

Les deux Officiers étoient partis fur la Frégate l'Active ; les Repréfentans du Peuple profitoient de toutes les occafions pour éclairer l'Affemblée Nationale : mais on étoit dans l'état de crife & d'incertitude que la correfpondérance nourriffoit , lorfqu'il fembla que le Régiment faifoit enfin un pas vers la lumiere qui jufqu'alors lui avoit échappé.

Dans la nuit du 28 Février au 1er Mars, deux Appointés furent arrêtés par les poftes avancés & conduits à l'Hôtel-de-Ville ; ils s'annoncerent comme étant partis d'eux-mêmes pour connoître les faits dont ils étoient mal inftruits ; & ne voulant pas fe laiffer aller à la vivacité aveugle des jeunes gens, ils parurent furpris de tout ce qu'on leur raconta ; ils déclarerent qu'ils n'avoient point eu de connoiffance de la lettre écrite au Regiment ; & par la liberté qu'ils eurent dans la Ville, ils purent s'affurer combien le Peuple avoit été eloigné de faire aucune infulte au corps.

La Municipalité crut devoir profiter de cette occafion ; fi la démarche des deux Appointés avoit été commandée par le corps, elle fuffifoit pour le détromper, finon elle fervoit d'indication pour lui en faire faire une femblable : le Maire écrivit en conféquence à M. de Caftella, Major du Régiment. Les deux Appointés furent chargés de la lettre, & le moyen qu'elle indiqua ménageoit également tous les intérets, ceux du Peuple dont la franchife devoit défarmer toute le monde, ceux du Régiment qui, loin d'avoir des réparations à exiger, ne devoit fonger qu'à punir les membres coupables qui avoient préparé fon deshonneur (2).

---

(1) Voyez les Pieces Juftificatives §. II, N. X.

(2) Voyez les Pieces Juftificatives §. V, N. II.

Cependant

Cependant il s'étoit réellement fait quelque mouvement dans la journée du 28. Plufieurs Grenadiers & Chaffeurs avoient paru prendre le chemin de Saint-Pierre , mais leurs Officiers les avoient fait rentrer. Ils n'avoient que leurs fabres ; ils étoient même plus ivres que furieux, & leur intention a refté dans le myftere ; mais cet effai détermina un acte également honorable pour celui qui le fit & pour le Peuple de Saint-Pierre. M. le Vicomte de Pontevez-Gien arriva comme conciliateur , & perfonne au monde n'étoit plus propre à remplir une telle miffion.

Il avoit cédé aux follicitations de M. le Général ; il parloit en faveur du Régiment ; & tout ce qu'il eft poffible d'employer de ménagement & de délicateffe pour réuffir , il le fit valoir auprès du Peuple & de fes Repréfentans.

Mais il falloit toujours en venir à ces uniformes , aux armes que le Régiment réclamoit auffi , tandis qu'on s'en fervoit pour fe défendre. Il falloit oublier la journée malheureufe du 21 ; & elle fe préfentoit toujours avec trop de force pour laiffer accès à ces frivoles demandes.

M. de Pontevez ne connoiffoit pas tous les détails. Il lut & il dut fe convaincre qu'une perfidie inconcevable avoit armé les Compagnies du Détachement ; que le Peuple avoit enchaîné la vengeance pour attendre le jugement de l'Affemblée Nationale ; qu'il ne demandoit rien à fes ennemis ; qu'il s'étoit mis en état de défenfe pour n'être pas attaqué ; qu'il avoit été généreux dans fes déclarations au Régiment ; que les menaces qu'on lui faifoit , n'étoient pas un titre pour le conduire à des réparations dangereufes qu'il ne devoit pas, & que c'étoit au Régiment à rentrer dans le devoir & à garder le filence (1).

M. de Pontevez parut en exprimant les fentimens du Patriotifme le plus éclairé ; il reçut de tous les Citoyens les témoignages expreffifs de la confiance qu'il avoit infpirée ; mais pendant qu'il rempliffoit les auguftes fonctions de médiateur pour lefquelles M. de Vioménil l'avoit prié de quitter le Fort-Royal , il étoit là même contredit de la manière la plus indécente , & il eut l'amertume de voir, avant fon départ de Saint-Pierre ,

---

(1) Voyez Pieces Juftificatives , §. I , N. VI.

C

que le Régiment de la Martinique, oubliant toutes les bienséances, ne comptoit pour rien sa médiation.

Cet inftant auroit pu être regardé comme le terme annoncé par M. le Général, auquel il ne pourroit plus répondre des évèmens, s'il n'eût pas en même tems jetté un jour affligeant fur tout ce qui fe paffoit. Après huit jours employés à femer la terreur, le Bataillon de Sainte-Lucie fe réunit aux deux Bataillons du Fort Royal, les Officiers fe réuniffent aux Soldats; le Major-Commandant eft à leur tête. Il écrit pour parler de fon Corps outragé, pour reprocher des actes de violence extraordinaire au Peuple, pour peindre la vehémence avec laquelle les Soldats fentent l'infulte qu'il prétend leur avoir été faite ; & fa Lettre eft accompagnée des *réclamations du Régiment de la Martinique*. On croit voir un Corps d'armée prêt à marcher, qui veut rançonner les Peuples qu'il menace.

C'en eft trop fans doute. Mais le Régiment ne fe borne plus à demander fes armes & les deux uniformes, il exige encore au même prix, que la Municipalité revienne fur les évènemens anciens, qu'elle rende juftice au Général, c'eft-à-dire, lui donne des certificats pour lui affurer à jamais le fuffrage, l'admiration & la reconnoiffance de tous les bons Citoyens (1).

Etoit-ce donc la le nœud de cette cruelle affaire? Le Régiment n'étoit-il que l'inftrument aveugle, qui fuivoit une impulfion étrangère ? Ici tout prend un nouvel efprit. C'eft la voix du Defpotifme qui fe fait entendre. Il veut enchaîner l'opinion même par la force ; & ce fentiment de l'honneur plus puiffant que le Depotifme, triomphera de lui jufques dans fes derniers retranchement.

Les Repréfentans du Peuple répondirent au Régiment en la perfonne de M. Caftella. Il ne s'agiffoit plus d'inutiles ménagemens. Ils lui parlèrent librement au nom de la Loi qui profcrivoit à jamais fes réclamations (2).

---

(1) Voyez Pieces Juftificatives, §. V, N. III.
(2) Voyez Pieces Juftificatives, §. V, N. IV.

Un cri s'élevoit en même tems au fond des cœurs ; c'étoit le cri du Patriotifme ; & les Antilles préfentèrent un exemple mémorable digne de fixer les regards de la Nation.

Les Habitans quittent leurs atteliers, s'arment pour la défenfe des Citoyens : les Paroiffes entieres accoururent à Saint-Pierre : ce ne font plus ces Colons qu'un régime accablant afferviffoit fous la forme d'une Milice enfantée par le defpotifme, ce font des Français pour qui le danger du Peuple eft le fignal du ralliement.

Dans les quartiers même où les Commandans de Milice croyent devoir la tenir enchaînée aux ordres du Général, les Volontaires fe réuniffent, fe nomment des Commandans & volent au fecours de la Ville dont la caufe eft devenue celle de toute la Colonie. Au Fort-Royal, ils fe tiennent difpofés pour arrêter dans leur fource tous les mouvemens hoftiles qui pourroient s'y faire. Si dans certains quartiers il paroît de l'indifférence, fans doute ils n'ont pas vu le danger fi preffant ; ils n'ont pu croire qu'un Régiment François eut oublié fes devoirs, eut pû fe décider à porter le ravage parmi leurs Concitoyens ; où leurs intentions ont été enchaînées par la toute puiffance de M. de Viomenil.

Bien-tôt le fimple récit des menaces a embrâfé tous les Patriotes des Ifles voifines. Les premiers inftruits le communiquent aux autres, & de tout côté chacun brûle de traverfer les mers, de tout facrifier pour défendre le Peuple contre les tyrans. L'inftant où cette réunion eft annoncée, eft le moment du défefpoir pour ceux qui avoient voulu l'emporter par la terreur.

Le 2 Mars au foir, arrivèrent les Députés du Comité de la Pointe à Pitre-Guadeloupe. Ils étoient porteurs de l'adreffe la plus Patriotique : ils venoient offrir les généreux fecours de la Pointe à Pitre & des autres quartiers de la Grande-Terre. Ils furent reçus avec enthoufiafme, & dès le lendemain matin, le Bâtiment qui les avoit amené, repartit pour aller chercher les braves alliés. Le courage fe fortifioit à Saint-Pierre par la certitude du triomphe (1).

Alors le Fort-Royal préfentoit un contrafte bien frappant. Les Citoyens

____

(1) Voyez les Pieces Juftificatives, §. VI, N. I & II.

gémiſſoient encore en ſilence. L'irréguliere Aſſemblée qui prétendoit repréſenter la Colonie, n'avoit pas encore abandonné les projets qu'elle avoit enfantés d'une ſciſſion entre la Campagne & Saint-Pierre : elle ſe déclara incompétente pour la cauſe des Citoyens. .

Le Conſeil Souverain ; dont la Séance s'étoit ouverte le Lundi, prit le Mardi au ſoir le parti de faire une démarche auprès du Régiment, & il crut devoit y mettre de l'éclat.

En conſéquence, le 3, il ſe mit en marche avec M. le Général qui s'étoit joint à lui ; le Procureur-Général harangua le Régiment ; il prodigua les éloges au Major, aux Officiers, à tout le Corps ; il lui demanda l'oubli des funeſtes erreurs du moment que toute la prudence humaine ne pouvoit prévenir ; l'oubli de tout reſſentiment comme une offrande faite à la Patrie. M. le Général renchérit encore ſur ce diſcours, & bientôt le Régiment témoigna par des acclamations réitérées, ſon attachement, ſes diſpoſitions de paix, ſa ſenſibilité. Des viſites terminèrent la ſcene (1).

Pendant ce tems, M. de Caſtella écrivit à la Municipalité, non pas pour répondre à ſa lettre, elle étoit ſans réplique, mais pour redemander les papiers qu'on lui avoit offert dans le Poſtſcriptum (2).

Il faut ſe pénétrer de ce qui s'étoit paſſé depuis douze jours pour apprécier toutes ces démarches à leur juſte valeur. Quels étoient les coupables dans la journée du 21 ? Les Officiers, les Soldats du Détachement : c'étoit reconnu par le Général lui-même. C'étoit à leur crime qu'il falloit comparer la vengeance même la plus terrible qu'on eut pu exercer.

Depuis le 21, qui s'eſt rendu coupable ? Se ſoumettre au jugement des Repréſentans de la Nation, mais ſe tenir en état de défenſe, oppoſer ſa force à la force, & la fermeté aux menaces ; raſſurer le Régiment ſur l'honneur du Corps, aller au-devant de ſes deſirs pour écarter de fauſſes idées, lui fournir toutes les occaſions de ſe montrer ſage &

---

(1) Voyez les Pieces Juſtificatives, §. IV, N. I.
(2) Voyez les Pieces Juſtificatives, §. V, N. V.

éclairé ; & enfin , lorfqu'il perfifte dans fon aveuglement, le rappeller à fon devoir en faifant parler la Loi ; telle eft la conduite du Peuple.

Vouloir juger militairement des criminels de leze-Nation , les faire enlever pour les fouftraire au jugement de l'Affemblée-Nationale , de ne les y renvoyer que lorfque l'incompétence du Confeil de Guerre étant évidente , ils ont trouvé dans ce Régiment des Protecteurs & des Défenfeurs, prodiguer dans fes écrits le blâme au Peuple , ne lui annoncer que les menaces, que la mort & pas un mot de confolation ; fouftraire les lettres de paix des Repréfentans du Peuple , ou ne les montrer aux Soldats que comme des pieces fufpectes ; afficher de croire au prétendu affront de l'Uniforme ; fe vanter & fur le paffé & fur le préfent, commander aux opinions par la terreur , fouffrir, (s'il n'a pas exigé) que la condition de lui donner des éloges fut une des conditions de la paix propofée à la Municipalité ; telle eft la conduite du Général.

Fermer les yeux fur une violation du ferment National , telle que les plus grands troubles de la Métropole n'en offrent pas un autre exemple ; recevoir dans fon fein les Compagnies coupables de cet attentat ; attacher l'honneur du Corps à deux Uniformes déchirés dans un inftant où l'horreur du crime pouvoit n'avoir pas de bornes , fe taire vis-à-vis du Peuple qui écrit , qui publie , qui attefte au ciel & à la terre qu'il n'a jamais eu la moindre intention d'offenfe contre le Corps ; s'agiter cependant de la maniere la plus menaçante , tenir à la main le flambeau de la guerre civile , & en le fecouant demander des réparations , réclamer pour eux , & des habits qui n'exiftent plus , & pour le Général des certificats impoffibles à donner ; telle eft la conduite du Régiment.

C'eft à cet inftant que les Miniftres de la Juftice s'avancent , & le Régiment & le Général font l'objet de leurs éloges , & la Loi ne tonne pas dans leur bouche ; & ils demandent grace pour le Peuple, & ils fe glorifient de ce que le Régiment leur attefte fa fenfibilité , fon oubli de tout reffentiment , fon attachement à la Nation & à la Colonie.

Ah ! fans doute le Peuple a dû protefter contre une démarche fi loin de fon cœur, fi loin du fentiment qu'infpire le nom facré de la Patrie , qu'on avoit imploré ; il a protefté auffi-tôt qu'il en a été inftruit avec la plus grande force, & fa proteftation a été dictée par l'honneur, par la juftice de la caufe (1),

Le Confeil cependant écrivit qu'il avoit obtenu la paix (2) ; le Général écrivit auffi le 5 , que le calme le plus parfait avoit fuccédé à l'agitation (3), & c'étoit enfin quelque chofe pour les Citoyens à qui les horreurs de la guerre convenoient fi peu. Ils pouvoient au moins attendre avec plus de fécurité les rétractations du Régiment, & depuis ce moment, tout fe réunit pour procurer les plus douces jouiffances aux cœurs vraiment Patriotes.

La journée du 6 fut confacrée toute entiere par l'enthoufiafme du fentiment. A neuf heures du matin, deux Bâtimens arrivèrent , portant les Volontaires de la Pointe-à-Pitre ; à une heure , un autre Bâtiment eft annoncé ; ce font les Volontaires de la Baffe-Terre ; une Fregate paroît au même inftant ; à fon bord font **M.** le Baron de **Clugny** , Gouverneur de la Guadeloupe , & quatre Députés de l'Affemblée générale, Coloniale de la Guadeloupe ; tous font partis , dès qu'ils ont cru le Peuple en danger ; ceux - ci offrent leur médiation ; ils viennent l'olivier à la main ; ceux-là offrent leur épée , ils affurent la victoire ; tous font reçus avec des tranfports impoffibles à exprimer (4).

Les journées du 7 & du 8 , & les fuivantes , font animées par le même tableau. Les Volontaires du Moule , de Sainte-Anne, du Port-Louis & du Petit-Canal , Grande-Terre , de la Souffrière , Sainte-Lucie , arrivent fucceffivement ; il n'y a de retard que celui qu'une traverfée plus pénible met à leur impatience. Saint-Pierre eft devenu le centre où tous les Patriotes des Antilles confondent leurs vœux , s'animent mutuellement, s'élevent à ce noble fentiment qui les rend dignes de participer à la régénération (5).

Le premier foin de la Municipalité fut de développer à ces généreux amis les circonftances dont leur courage n'avoit pas attendu qu'ils euffent

____

(1) Voyez les Pieces Juftificatives , §. I , N. V.H.

(2) Voyez les Pieces Juftificatives, §. IV , N. II.

(3) Voyez les Pieces Juftificatives , §. II , N. XI.

(4) Voyez les Pieces Juftificatives , §. VI , N. VII , IX , X , XI & XII.

(5) Voyez les Pieces Juftificatives , §. VI , N. III , IV , V , VI & VII.

connoissance , & de justifier à leurs propres yeux , la démarche qu'ils avoient faite en faveur de Saint-Pierre , par l'inspection des Pieces les plus authentiques. On se convainquit de la nécessité de ne point abandonner encore le plan de défense , jusqu'à ce que ceux qui avoient fait des réclamations , se fussent expliqués , & les braves alliés partagerent , avec le plus grand grand zèle , la fatigue des gardes & des veilles.

Le Régiment parla enfin ; il envoya un Député vers le Peuple ; mais quel fut l'étonnement à la lecture de son adresse. Il paroissoit surpris de ce que la tranquillité de la Colonie , & sur-tout de Saint-Pierre , étoit troublée ; cela ne pouvoit provenir que des récits infideles qu'il étoit de son honneur de détruire ; il attestoit que le serment qu'il avoit fait , n'avoit pas cessé de lui être présent ; que d'après cela on n'avoit pas dû croire qu'il eût voulu tourner ses armes contre des Concitoyens , des parens & des amis ; il déclaroit que , malgré sa sensibilité , il savoit qu'il devoit sacrifier son repos pour celui des Citoyens ; & il espéroit que cette profession de foi lui mériteroit le même attachement qu'il portoit à toute la Colonie ; quarante-deux Officiers avoient signé cette adresse qui auroit pu avoir quelque prix , si elle eût été faite le 24 Février (1).

Mais les Lettres de M. le Général existoient & étoient confirmées par celle de M. de Pontevez-Gien ; la Lettre du Major & les réclamations du Régiment existoient ; étoit-ce donc là des récits infideles ? Le Régiment étoit-il ébloui par la démarche que le Conseil avoit faite auprès de lui ? Faisoit-il assez peu de cas des Citoyens pour imaginer qu'une déclaration vague & démentie par les faits , dût leur suffire , & pour ne pas donner une explication précise sur la Lettre par laquelle la Municipalité avoit repoussé ses injustes prétentions ?

Une délibération fut prise à l'unanimité ; on fixa les conditions auxquelles on croyoit pouvoir être assuré de la paix , & ces conditions dictées par les mêmes principes qui avoient dirigé le Peuple jusqu'alors , font un monument de modération & de justice. Une preuve que l'honneur du Régiment étoit aussi cher aux Citoyens qu'au Régiment lui-même ; le Peuple ne demanda point de réparation ; il voulut toujours

---

(1) Voyez §. V , N. VI.

tout attendre des auguftes Repréfentans de la Nation ; mais il demanda que le Corps défavouât les coupables , & les foumît lui-même au jugement de l'Affemblée Nationale. Ce défaveu lui parut le gage le plus fûr que le Régiment avoit dépouillé toute intention hoftile ; c'étoit un gage pris dans le cœur Français.

M. le Baron de Clugny & MM. les Députés de l'Affemblée Générale, Coloniale de la Guadeloupe , fe chargèrent d'être eux - mêmes les interprêtes des fentimens du Peuple ; & tout concourut à terminer cette querelle de la maniere la plus glorieufe (1).

Le Régiment ne réfifta plus ; il fit droit aux réclamations de la Ville ; il blâma la Garnifon , en déclara le jugement remis à l'Affemblée Nationale ; il fe défifta de fes réclamations ; il fe fommit à n'abandonner fa Garnifon que lorfqu'il en feroit requis légalement , pour voler au fecours de la Colonie , il demanda l'oubli du paffé (2).

Ainfi s'eft terminé cette injufte & inconcevable querelle, qui n'a point, il eft vrai, coûté de fang , mais qui a troublé le repos des Ifles du Vent , & qui cependant a fervi à développer tout à la fois le fyftême d'oppreffion dans lequel ont trop long-tems gémi ces Contrées pour lefquelles les fecours de la Métropole font lents & tardifs , & les reffources que les Colonies doivent trouver en elles mêmes , fi elles veulent s'unir par un pacte Social , feul capable de leur procurer la force & la fureté.

On fe demande, avec effroi, s'il eft une Province de la France où l'on auroit pû voir une affaire de ce genre ? Que deux Officiers ayent eu de l'indifférence ou du mépris pour le fignal de la liberté Nationale ; déjà punis parce que ce fentiment a d'odieux, par-tout ils l'auroient caché avec foin. Qu'ils ayent ofé dans un Spectacle affronter le Peuple, le provoquer, tenir les propos les plus indécens , par-tout ils auroient fubi la plus jufte punition : on auroit au moins délivré le Peuple de leur afpect révoltant. Qu'ils ayent raffemblé d'autres Officiers, qu'ils ayent

(1) Voyez §. I , N. VIII.
(2) Voyez §. V , N. VII.

été

été narguere le Peuple dans les rues & qu'ils ayent ofé donner
publiquement un Cartel, par-tout la difcipline militaire les auroit comdamnés à l'inftant à la prifon. Que joignant l'atrocité à la
perfidie ils ayent féduit leur malheureux Soldats, les ayent décidés à
s'armer contre le Peuple, leur ayent fourni des cartouches meurtrieres ;
qu'à leur inftigation, la générale a été battue, la Troupe ait marché
contre des Citoyens fans armes, qu'elle les ait couchés en joue ; par-tout
un Commandant pénétré de fon devoir auroit rappellé à la voie de
l'honneur, & les Officiers fanguinaires & les Soldats aveuglés. Que le
Peuple menacé de la mort, obligé de s'armer, de fe défendre, ait crié
à la vengeance, & que cependant à la voix de fes Repréfentans il ait
contenu fa jufte fureur ; que les deux Officiers n'ayent pas péri, & que
leur habit feul, en haine d'eux, ait été déchiré ; que le Régiment éloigné de fept lieues, ou mal inftruit ou pouffé au mal, ait prit cet habit
déchiré pour une infulte qui lui étoit faite, &, fans s'occuper du crime
qui avoit occafionné cet évenement, ait ofé former des réclamations
contre une Ville, ait parlé d'y porter la guerre ; par-tout un tel projet
auroit été étouffé à fa naiffance ; par tout un Chef fe feroit trouvé inca-
pable d'adopter un parti contraire à celui des Citoyens, de les nourrir
dans les terreurs, d'entretenir fous un faux point d'honneur la rage vraie
ou fimulée des Soldats, d'écrire que fes efforts pour les foutenir étoient
infructueux, qu'il ne les avoit arrêtés qu'en leur montrant des cartouches
à balles à leur portée, au-lieu de leur ôter tous les moyens d'agir. Un
Chef, dont l'intrépidité eft reconnue, qui après 45 ans de fervice,
a appris à commander aux Troupes, qui a le plus grand empire fur
elles ; qui, un mois auparavant, a réfifté à l'infurrection des Soldats
d'Artillerie déchaînés contre lui de la manière la plus terrible, & pour
leurs intérêts pécuniaires ; qui étoit fortifié par les déclarations les plus
honorables & les plus authentiques de la part du Peuple, n'auroit pas
manqué de faire valoir ces déclarations auprès du Régiment ; il fe feroit
bien gardé de les rejetter comme fufpectes ; il leur auroit imprimé ce
ton énergique, dont l'heureux talent lui a été donné par la nature ; & les
Citoyens auroient eu bientôt la conviction qu'ils n'avoient rien à re-
douter d'un Régiment Français.

    Mais M. de Laumoy étoit Commandant à Saint-Pierre, & quelques jours fans doute il expliquera pourquoi il n'a pas puni, mis aux arrêts, lié de quelque maniere que ce fût, les fieurs Duboulet & Malherbe ; pourquoi il n'a pas agi en Commandant, lorfque la garnifon s'eft armée & mife en marche fans fon ordre.

Mais M. de Viomenil gémiffoit de ce que les Citoyens de Saint-Pierre avoient lutté contre les abus d'autorité ; il vouloit en reprendre tous les excès ; il a cru le moment favorable, il a cru y parvenir par la terreur, & fans cela auroit-il froidement demandé, dans fa lettre du 24 Février, fi le Peuple devoit être chargé de la défenfe de la Colonie dans la partie qui eft à portée de Saint-Pierre ? Auroit-il refufé l'Amniftie aux Soldats qui n'avoient pu partir en même tems que le refte de la garnifon ? Auroit-il laiffé punir les deux Appointés qui étoient venues s'inftruire dans la Ville ? Auroit-il laiffé faire par le Régiment des réclamations, comme une Puiffance publie un manifefte, pour y inférer que la Municipalité devoit lui rendre juftice, & revenir fur des faits dont il falloit effacer le fouvenir.

C'eft donc le defporifme qui, lorfqu'il expire en France, a voulu encore lever fa tête dans les Colonies ; & il faut le dire en rougiffant, il a eu le malheur d'y trouver des appuis. M. de Viomenil eut peut-être ouvert les yeux, il eut peut-être fenti qu'il étoit jufte, qu'il étoit néceffaire de concilier l'autorité légitime avec l'exercice de la liberté, s'il n'eût été environné d'hommes ennemis de la Régénération, & à qui la tyrannie étoit douce, parce qu'ils en exerçoient eux-mêmes une partie.

Mais ici, comme dans la Métropole, plus on a voulu faire par la force & plus on a donné d'action aux refforts que l'on comprimoit, les Citoyens fe font unis plus intimement ; le même mouvement a fait fortir de leurs foyers les Habitans de la Martinique imbus des vrais principes. Les Patriotes de la Guadelouppe , Grande-Terre , Baffe-Terre , de Sainte-Lucie de Marie Galante, & une Fédération s'eft formée naturellement entre toutes les Ifles par le fentiment d'union & de force que donne la tendance au bonheur, & qu'on eût vainement attendu fous le Régime écrafant qui les fi long-tems fubjuguées. Le Defporifme a frémi ; les Citoyens ont célébré fa défaite (1), & les braves Fédérés font rentrés chez eux ayant mis au

---

(1) Voyez §. I, N. IX & X. §. III, N. IV & V. §. VI N. XIII & XIV,

jour cette confolante vérité : que les Colonies fi intéreffantes pour la Mere
Patrie par leurs productions & le poids qu'elles mettent dans la balance
du Commerce, méritent encore toute fon attention par les fentimens de
Patriotifme qu'elles ont manifefté, malgré les obftacles qui les ont em-
pêché de recevoir jufqu'à ce jour aucune lumieres directe de l'Affemblée
Nationale, & qu'elles font dignes de participer aux faveurs de la nouvelle
Conftitution.

Arrêté en l'Affemblée de la Commune de la Ville de Saint-Pierre-
Martinique, le 23 Mars 1790. *Signé,* THOUMASEAU, Maire, LE
JEUNE DE MONTNOEL, Préfident de la Commune; SPIRITALIER de
SEILLANS, Vice-Préfident; CRASSOUS DE MEDEUIL, Secrétaire-
Greffier; MARTIN, Secrétaire de la Commune.

Collationné, *figné* CRASSOUS de MEDEUIL à l'Original.

Certifie conforme à fa Minute reftée en notre pouvoir. A Paris,
31 Juin 1790. RUSTE, Député; ARNAUD DECORIO, Député.

PIECES JUSTIFICATIVES.

§. I.

EXTRAIT des Délibérations de la Commune de Saint-Pierre.

N°. I.

RAPPORT de M. James Eyma.

21 Février 1790.

L'AN mil sept cent quatre-vingt-dix, & le Dimanche vingt Février, nous James Eyma, Echevin de la Municipalité de Saint-Pierre, étant de service au Spectacle, immédiatement après la première piece, nous aurions apperçu dans le parterre un mouvement considérable, accompagné de ces mots, *allons-y* ; nous ferions immédiatement sortis de notre loge pour connoître l'objet de ce mouvement, & nous transporter dans le lieu où le Peuple se portoit ; nous aurions trouvé dans le corridor & sur l'escalier qui mene aux secondes, une foule considérable de Citoyens qui ne nous auroient pas permis de pénétrer dans la loge où étoit M. Duboulet, Capitaine au Régiment de la Martinique, commandant le Détachement, qui nous a paru l'objet du mouvement du Peuple, à l'occasion de la cocarde qu'on lui présentoit ; la fermentation étoit considérable ; ayant rencontré M. de Laumoy, Commandant en second de la Colonie, nous l'avons engagé à venir avec nous pour appaiser le trouble ; au même instant nous avons rencontré M. de Vaugiraud, Capitaine de Vaisseaux, commandant la Frégate *la Gracieuse*, qui nous a dit, c'est à vous M. l'Echevin de faire cesser le désordre ; à quoi nous avons répondu, il est difficile, Monsieur, de calmer dans un instant mille personnes qui paroissent fortement agitées.

Ayant monté l'escalier malgré la foule, nous avons trouvé un Soldat-Sentinelle qui avoit quitté son poste & qui montoit l'escalier avec son arme, & plusieurs personnes ont mis la main sur ses armes & l'ont forcé de descendre ; alors le Peuple eſt deſcendu & s'eſt porté au-dehors en partie ; M. Duboulet eſt ſorti auſſi , & le calme a paru ſe rétablir en la Salle ; mais les Dames étoient extrêmement épouvantées.

Nous avons alors deſcendu nous mêmes, & nous ſommes placés à la porte d'entrée pour pouvoir veiller tant au-dedans qu'au-dehors , & nous avons placé un Commis à la Police dans l'intérieur , & l'autre à l'extérieur , les chargeant de nous inſtruire de tous les mouvemens qu'ils appercevroient ; pendant que nous étions à la porte , pluſieurs perſonnes nous ont dit que les Officiers tenoient des propos les plus indécens.

Le Commis de l'intérieur étant venu nous prévenir qu'il y avoit encore beaucoup de mouvement dans le corridor des premieres loges, nous nous y ſommes tranſportés & nous avons entendu une voix qui diſoit : *Demain nous couperons les oreilles à cinquante J... F..... de ces Bourgeois qui n'auront pas de cocarde.* Nous n'avons point vû celui qui a tenu ce propos ; mais nous avons trouvé beaucoup de Citoyens fort animés de la conduite de M. Duboulet , ſoit parce qu'il avoit longtems refuſé de prendre la cocarde , ſoit parce qu'il n'avoit pas voulu la recevoir des mains du Peuple , & ne l'avoit priſe que par l'ordre de M. de Laumoy ; il y avoit parmi la foule beaucoup d'Officiers de Marine qui déſaprouvoient le Peuple ; M. Duboulet y étoit auſſi ; mais ſur les inſtances que nous lui avons faites de ſe retirer , il n'a point réſiſté , & nous ſommes parvenus à calmer l'émotion.

Au même inſtant , le Commis à la Police qui étoit à l'extérieur , eſt venu nous avertir qu'il y avoit beaucoup de perſonnes aſſemblées au-dehors , au milieu deſquelles étoient quatre Officiers qui paroiſſoient les uns & les autres fort animés ; nous avons preſſé la foule, & parvenu à pouvoir nous faire entendre de Meſſieurs les Officiers , nous avons reconnu M. Duboulet & M. de Malherbes. Ce dernier ſe plaignoit beaucoup de la maniere , qu'il appelloit indécente , avec laquelle le Peuple en avoit agi avec M. Duboulet ; nous lui avons répondu qu'il pouvoit y avoir des torts de part & d'autre , & qu'il convenoit que chacun ſe retirât pour faire ceſſer le déſordre & rétablir parfaitement le calme dans la Comédie , où les Dames étoient fort effrayées ; le ſieur Malherbes nous a répondu , vous nous jugez donc , Monſieur ; en diſant il y a des torts de part & d'autre , c'eſt nous en ſuppoſer ; à quoi nous avons dit : non , Monſieur , je ne vous juge pas , mais j'ai l'honneur de vous réitérer mes premieres expreſſions ; qu'il pouvoit y avoir des torts de part & d'autre ; cependant j'aurois le droit de me ſervir de l'une comme de l'autre de ces expreſſions en ma qualité , pour la tranquillité générale. M. de Laumoy a pris alors par la main M. Duboulet , qui avoit gardé le ſilence pendant cette converſation , & l'a emmené avec lui ; M. de Malherbes & les autres Officiers ont rentré à la Comédie ; & étant ſur l'eſcalier , M. de Malherbes parloit encore d'un ton fâché , ce qui attiroit beaucoup de perſonnes autour de lui ; nous l'avons pris alors en particulier & engagé fortement à ſe calmer & à retourner au Spectacle ; les deux Officiers qui étoient auparavant avec lui, l'ont joint & lui ont dit : retirons-nous, nous n'avons rien à faire ici, à quoi ledit sieur Malherbes a consenti ; nous les avons engagés à suivre ce projet en leur recommandant d'éviter toute occasion de nouveaux troubles ; le sieur Malherbes en s'éloignant a proféré plusieurs paroles que nous n'avons pas entendu ; mais nous avons apperçu, quand il a été au bas des escaliers, par ses gestes, qu'il faisoit fort peu de cas de notre recommandation. Ses paroles peuvent avoir été entendues par d'autres personnes qui étoient plus bas que nous sur l'escalier ; le Spectacle a fini pendant cet intervale ; & ayant attendu que tout le monde fût sorti pour nous retirer, nous avons donné le présent Procès-verbal pour être déposé à la Municipalité & servir à qui de raison, avons signé. — *Signé* à l'original, JAMES EYMA.

Collationné CRASSOUS DE MEDEUIL , Secrétaire.

N°. I I.

RAPPORT de M. le Merle de Beaufond , Echevin.

22 Février 1790.

Le Lundi matin vingt-deux du mois de Février mil sept cent quatre-ving-dix, me trouvant à l'Hôtel-de-Ville, comme Echevin de service, je fut averti qu'il y avoit à la Batterie d'Enoft quantité de Citoyens en rumeur ; je me disposai sur le champ a m'y transporter ; au même instant, M. de Malherbes, Officier au Regiment de la Martinique parut & me dit qu'il venoit réclamer mon autorité contre des Bourgeois qui l'insultoient, ainsi que plusieurs autres Officiers ; je le suivis, & rendu sur le lieu, je m'apperçus que les deux partis étoient fort animés l'un contre l'autre ; les Bourgeois se plaignoient de la répugnance des Officiers à porter la Cocarde Nationale, des ménaces à eux faites la veille au Spectacle par M. de Rencey, Officier du Regiment de la Martinique, de couper les oreilles à ceux d'entr'eux qui seroient sans Cocarde ; que l'affectation de nombre d'Officiers réunis à se promener dans les rues, ajoutoit aux insultes de la veille, & présageoit sans doute l'exécution des ménaces ; que le Peuple n'étoit pas fait pour être traité de la sorte impunément ; les Officiers de leur côté se plaignoient de la contrainte employée contre M. Duboulet, un de leurs camarades, pour lui faire prendre la Cocarde ; qu'il ne se deffendoit pas de l'avoir, mais que les Bourgeois étoient tenus à la porter aussi sans exception ; ceux-ci repliquoient que la négligence de quelques uns d'entr'eux à l'arborer, ne tiroit pas à conséquence, parce qu'il étoit constant qu'ils l'avoient dans le cœur, & qu'il n'y avoit pas lieu de croire les Officiers également disposés, impatient de voir terminer cette discussion, &

voulant, dans ma qualité de pacificateur, l'appliquer uniquement au port de la Cocarde, je dis au Peuple que puisque la paix ne dépendoit que de la réciprocité du coſtume, je l'engageois à s'y conformer ; quelqu'un articula vivement que le mécontentement portoit bien moins ſur la Cocarde qu'ils abandonnoient à la volonté d'un chacun, que ſur les menaces faites de couper les oreilles ; M. de Malherbes prit la parole, & dit, que M. de Rencey à qui on imputoit ce propos, avoit dit, (ſans déſignation) que s'il y en avoit qui ne vouluſſent pas porter la Cocarde, on ſeroit expoſé à ſe couper les oreilles & la gorge. Toujours porté à reconcilier les parties, j'interpretai favorablement cette maniere de dire qui attaquoit indifféramment Bourgeois & Militaires infracteurs ; le Peup'e ne s'en contenta pas & continua à expliquer ſon reſſentiment. M. de Malherbes dit alors que ſi on en vouloit aux Officiers ils étoient quatorze, qu'on n'avoit qu'à ſe preſenter à nombre égal & non pas en troupe, que cela ſeroit plus honnête. Les Bourgeois s'écrierent qu'ils n'avoient jamais eu intention de ſe prévaloir de leur ſupériorité ; à quoi M. de Malherbes repondit, j'en ſuis bien perſuadé : la rumeur augmentoit, j'employai des nouveaux efforts pour faire ceſſer cette rixe, & je parvins à la fin à calmer & à faire retirer tout le monde, eſpérant que la choſe n'iroit pas plus loin ; j'eus d'autant plus lieu de le croire, qu'aprennant, à mon retour à l'Hôtel-de-Ville, que pluſieurs qui n'en étoient pas éloignés agitoient encore la même queſtion ; je les joignis & les engagai par toutes ſortes de raiſons à laiſſer cette affaire là ; ils parurent gouter ces raiſons, être ſatisfaits & me promirent de reſter tranquilles ; je fus trompé dans mes eſpérances ; ſortant de chez moi après dîné, j'entendis dire qu'il y avoit un cartel entre des Bourgeois & des Officiers, je m'acheminai ſur le champ vers le lieu indiqué, & trouvai en effet beaucoup de monde raſſemblé & en rumeur ; je m'éforcai de calmer & d'adoucir les eſprits en donnant des tournures favorables aux inculpations reſpectives ; ma voix avoit de la peine à ſe faire entendre ; j'engageai alors M. de Malherbes & pluſieurs autres Officiers à entrer avec moi dans une maiſon ; je fis la même priere à quelques Bourgeois, dans l'intention de porter les plaignants à une explication plus tranquille & à une reconciliation s'il étoit poſſible ; un inſtant après on cria que les Troupes s'avançoient ; M. de Malherbes voulut ſortir, j'eſſayai de le retenir, pour en venir à mes fins, ajoutant que les Soldats ne viendroient ſûrement pas ; les cris augmentant, je ne pus plus le retenir, & il me quitta, me diſant qu'il alloit arrêter la Troupe : M. le Commandant en ſecond de la Colonie, M. l'Intendant & la Municipalité ſe joignant aux Officiers, accoururent au quartier & parvinrent par leurs exortations à faire rentrer les Soldats aux Caſernes. *Signé* LE MERLE DE BEAUFOND.

Colationné CRASSOUS DE MEDEUIL, *ſecretaire.*

N°. I I I.

Procès-verbal des Evénemens du 22 Février 1790.

L'an mil sept cent quatre-vingt-dix & le Lundi vingt-deux Février, après midi, la Municipalité de la Ville de Saint-Pierre de l'Isle Martinique, & tous les Membres de la Commune, ayant avec eux M. Foullon d'Ecotlier, Intendant, se sont transportés à la rue de la Noblesse, où le Peuple étoit accouru en foule, où les Officiers du Régiment étoient également ; il avoit été rapporté que les Officiers avoient déclaré qu'ils étoient quatorze, & que quatorze personnes n'avoient qu'à venir les trouver pour leur faire raison. Ce cartel avoit été donné à l'occasion de ce qui s'étoit passé hier au soir au Spectacle, où M. Duboulet qui commande le Détachement étant dans cette Ville, avoit paru sans Cocarde, avoit refusé de prendre celle qui lui avoit été offerte au nom du Peuple, avoit provoqué lui-même le Peuple en disant : *voulez vous que je descende.* Et enfin n'avoit pris la Cocarde que par ordre du Commandant en second, où M. de Rancey, Officier du Regiment, avoit également provoqué tous les Spectateurs, en criant du milieu d'une loge : il y a cinq cens Citoyens qui n'ont pas la Cocarde, qu'ils la prennent, F . . . nous la prendrons ; & avoit ensuite dit, au milieu d'une multitude de personnes, nous couperons les oreilles à tous ceux qui ne la prendront pas ; où enfin M. de Malherbes avoit bravé l'Echevin de service ; & lorsque celui-ci avoit dit : il faut voir, il peut y avoir des torts des deux côtés, il lui avoit repondu : comment, Monsieur, vous me jugez ! L'Echevin ayant repondu non, Monsieur, je ne vous juge pas, quoique j'en aurois le droit, mais je vous répette ce que je vous ai dit. M. de Malherbes avoit répondu à la bonne heure, je sais à quoi m'en tenir sur votre compte, en joignant un geste de mépris. Ce matin huit à neuf Officiers étant descendus ensemble dans les rues, un Citoyen avoit demandé raison du propos de M. de Rancey, que les Officiers avoient voulu interpréter d'une autre maniere qu'il avoit été tenu, & dont il y avoit quantité de temoins ; que là dessus la querelle s'étant engagée en parole, M. de Malherbes avoit dit qu'ils ne pouvoient luter contre le grand nombre, mais qu'ils étoient quatorze, & que s'il y en avoit quatorze qui voulussent venir, ils leur tiendroient tête, & que quand ils seroient cent ils ne les craindroient pas ; en conséquence quatorze jeunes gens s'étoient rendus pour repondre au cartel.

Etant dans la rue de la Nobesse, chacun s'est empressé pour empêcher le combat ; mais le Peuple a demandé vengeance de l'affront & des provocations faits à toute une Ville par les Officiers ; les Officiers qu'on avoit dit être aux arrêts dispu-

toient

toient avec le peuple, lorsqu'il a paru qu'un Officier ayant parlé à un Soldat qui étoit près , celui-ci a couru au quartier où les Soldats ont pris les armes & ont battu la générale. Le Peuple dans la juste indignation que lui a donné cette action , a crié lui-même aux armes ; Monsieur le Maire , Monsieur l'Intendant se sont précipités vers le quartier & sont parvenus a arrêter le mouvement des Troupes dont plusieurs ont paru aux fenêtres & couché le peuple en joue, M. de Laumoy s'est joint à M. le Maire, & le Peuple s'est reporté vers la maison de Ville ; on s'est arrêté dans la maison de M. Fortier où M. le Maire a demandé à M. de Laumoy l'ordre de faire partir à l'instant la Troupe de la Ville ; il a donné cet ordre sur le champ , mais lorsqu'il a été lu au Peuple , tous ont déclaré qu'il falloit que la Troupe partît sans armes , & qu'on livrât à l'instant M. Duboulet, & M. de Malherbes. M. de Laumoy a donné l'ordre à ces Messieurs de se rendre à l'Hôtel-de-Ville , & M. le Maire s'est placé à la tête de tout le Peuple qui s'étoit armé pendant l'intervalle, & les a mis sous la sauve-garde de la Municipalité , & ils se sont rendus à l'Hôtel-de-Ville accompagnés de M. l'Intendant.

On y a fait donner l'ordre pour M. Duboulet, par l'Officier qui commande à sa place de faire partir la Troupe pour le Fort-Royal. Le Peuple a demandé que M. Duboulet & M. de Malherbes fussent embarqués sur le premier Navire partant pour France , pour aller rendre compte de leur conduite à l'Assemblée-Nationale ; ils s'y sont soumis ; le Peuple s'étant porté en foule à la Chambre du Conseil où ils étoient , a décidé qu'ils devoient être dépouillés de leurs habits d'ordonnance, ce qui a été fait à l'instant ; & les habits, comme venant de gens indignes de les porter , ont jettés par la fenêtre ; après quoi les sieurs Duboulet & de Malherbes ont été mis en sûreté dans la Chambre de l'Hôtel-de-Ville, pour y être gardés à vue ; le Peuple a desiré que pour la plus grande sûreté de leurs personnes , ils fussent conduits à la geole de la Ville, & ils y ont été conduits à l'instant. Il a été arrêté que la Garde seroit faite pendant la nuit par les différens Districts ; & de tout ce que dessus a été dressé le présent Procès-verbal, qui a été signé par les personnes présentes. Ainsi signé à l'original, Foullon d'Escotier ; Laumoy ; Thoumasseau, Maire ; Lejeune Montnoël, Président ; James Eyma, Echevin ; Delabroue, Echevin ; Ruste, Echevin ; Jean Boutin ; Fourneols ; J. Claupel ; Briere ; Thore ; Le Merle de Beaufond , Echevin ; Fortier ; L. Malespine ; P. Desparneau ; Lavais ; Maiziere, Secrétaire ; Lebreton fils ; Bouthilliers ; Martin Saint-Agnès ; A. Mercier ; Gabriel Lafry ; Domdebes ; M. Duhan ; Spitalin de Saillant, Vice-Président de la Commune ; Louis Espitalery ; St. Germain ; J. N. Dubourgdieu Fledubers ; N. Roze ; J. Labbat ; L. Bourcier : Menuit ; Blanc ; Leverrier ; Sermagne ; L. Marlet ; Bis ; J. Dumont ; Lamontagne ; Saftard ; Brun, M. Comte ; Bressieux ; Godard ; R. Comte ; Couradin ; P. Fleury, Labussiere ; Lardin ; Dupeyrat ; Courmont ; Porte ; Fourne ; Auguste-Buy Liudos ; B. Claupel ; Hericher de Moverin ; Dumont de la Varre ; Pommatry ; J. Vauclair ; L. Joyau ; Donés ; Dupont ; Delaferriere Constance ;

Antoine Seguin , Touſſaint Mouſſenard ; Pierre Villion ; Begorra filis ; de la Martiniere ; la Marque ; J. Courtes ; J. Lafargue ; D. Guerin ; Vatable ; Delhorme ; Coppens ; Micoulin ; Meſlon ; Briere ; Torrail ; J. Lucy ; Sergent ; Petit ; Barbot ; Chevalier Bertrand ; Lhotelier ; J. Hugonin ; Deſcanes ; Gachel ; Dumaine ; Florence ; Anglade ; Rouſſeau ; Millet ; J.-J. Arnous ; Artaud ; P. Laffond ; J. M. Enfanton ; Demergue ; Preſcheur de Benicourt ; J. Terrier ; Rouviere ; Sauvignon ; Bernier ; Rougor , pere ; Dupont ; Daniel Bidau ; Jacquemie, aîné ; B. Salle ; Jean Chartrein ; J.-Hilaire Gaubert ; Bonnet ; Gaubert ; Etienne Jacquemie ; Pedalupe , fils ; Chalonier ; Robert ; L. Videlon ; P. Fleury ; St.-Aman ; Fayette , Le Court ; La Grange ; Grand-Coin ; J.-Franç. Hue ; Duvillion ; Souflet Cadet ; L.-le-Grand ; L. Nicolas ; J. Charron ; Benoît ; Nicolas ; Craſſous de Medeuil.

Collationné CRASSOUS DE MEDEUIL , Secrétaire.

N°. I.V.

EXTRAIT de l'Information faite pardevant MM. Jacques - Claude Ruſle , Echevin ; Paul Thore , Conſeiller de la Municipalité ; Joſeph Lafargue & Jacques Terrien , Membres de la Commune de la Ville de Saint-Pierre-Martinique , Commiſſaires nommés à cet effet.

Du Mardi 24 Février 1790.

Premier Témoin. Eſt comparu le ſieur Bernard-Joſeph Bonier ; Fuſilier du Régiment de la Martinique , de la Compagnie de Kergus , âgé de vingt-deux ans ; lequel , après ſerment par lui fait de dire la vérité, a déclaré qu'il étoit de garde Lundi dernier au poſte du Fort, qu'il a été mis en ſentinelle à une heure à la porte du Général, qu'auſſitôt qu'il a été en faction , le Sergent d'Ordonnance lui donna l'ordre de charger ſon arme, ce qu'il a fait, ayant comme à l'ordinaire trois cartouches dans ſa Giberne, & qu'il étoit encore en faction lorſqu'il a entendu battre la générale , & qu'il n'a point quité le poſte juſques à ce que la Milice Bourgeoiſe ſoit venue le relever ; qu'alors il s'eſt retiré au Corps-de-Garde du Fort, où ſon arme a été priſe par un Bourgeois ; que lorſque la générale a battu , le Sergent d'ordonnance nommé *Gouchet* lui a dit, vous pouvez vous rendre au Corps-de-Garde ſi vous voulez , moi je vais au Quartier ; à quoi le Dépoſant répondit qu'il n'étoit pas fait pour cela ; qu'une ſentinelle ne devoit pas quitter ſon poſte ; que depuis lors il a toujours reſté au Corps-de-Garde du Fort, attendant l'ordre pour rejoindre, qui eſt tout ce qu'il a dit ſavoir ; & lecture faite de ſa dépoſition , a ajouté être natif de Valenciennes en Hainault , & a perſiſté dans tout ce qu'elle contient , & a déclaré ne ſavoir ſigner.

Deuzieme Témoin. Eft comparu également le Sr Michel Mignon, natif de Tours en Touraine, âgé de 22 ans ou environ, Fufilier du Régiment de la Martinique, compagnie de Coquille, lequel après ferment, &c. a déclaré qu'il étoit de garde Lundi dernier à la Batterie d'Enoft ; que vers les neuf à dix heures du matin, lorfque MM. les Officiers qui remontoient du Mouillage fe font arrêtés avec les Bourgeois vers la porte de la Comédie, le fergent fit entrer au Corps-de-garde tous les Soldats du pofte, & leur fit charger leurs armes l'un après l'autre ; qu'ils avoient chacun trois cartouches, que le Sergent s'appelle Supery, qu'il ignore fi le Sergent avoit ordre de faire charger ; qu'il a refté au pofte jufques à ce qu'il ait été relevé le foir par la Garde Bourgeoife ; qu'il s'eft rendu alors au Quartier où il a paffé la nuit fur un banc ; que fon arme a été prife, & que depuis il a refté chez M. Bourgeois, & eft prêt à rejoindre fes Drapeaux, qui eft tout ce qu'il a dit favoir ; lecture faite &c. a *Signé*, MIGNON.

Trois. Témoin. Eft également comparu le fieur Jacques Galley, natif de Geneve, âgé de 26 ans paffé, lequel après ferment par lui fait de dire vérité, a déclaré qu'il étoit au Quartier Lundi, mais fans y faire aucun fervice, parce qu'il étoit malade depuis quatorze mois & deftiné de partir pour France ; que M. de Malherbes s'eft rendu au Quartier le matin avant l'appel d'onze heures; qu'il dit aux Soldats, que les Bourgeois avoient voulu faire prendre la Cocarde à M. Duboulet, que les Bourgeois ne la portoient jamais, que s'ils ne la prenoient pas aujourd'hui pour demain que les Soldats la quitteroient auffi ; il ajouta que s'il avoit été févere envers eux que ce n'étoit point dans fon cœur, qu'il y avoit été obligé ; il leur avoit demandé s'il leur avoit jamais fait des injuftices, à quoi les Soldats répondirent que non, & qu'il leur recommanda de ne point s'écarter, qu'on feroit le foir l'exercice à feu, & qu'il falloit mettre les pierres à feu, ce qui a été exécuté ; que l'après-midi, il étoit à la Cantine avec quelques-uns de fes camarades, lorfqu'on a crié aux armes, qu'il eft forti, & en fe reprenant, qu'il eft forti de la Cantine lorfque les Bourgeois ont couru du côté de la riviere vers le Quartier, & qu'on a enfuite crié aux armes, & qu'on difoit, que les Bourgeois avoient affaffiné MM. Duboulet & Malherbes; que le tambour a battu la générale, mais qu'il ignore qui en a donné l'ordre ; qu'il a vu alors plufieurs Soldats charger leurs armes & qu'il étoit refté fpectateur & fans armes ; que lorfque M. l'Intendann eft arrivé avec le Commiffaire, l'Adjudant a fait rentrer avec eux les Troupes, qui eft tout ce qu'il a dit favoir, &c. & a déclaré ne favoir figner.

Quatrieme Témoin. Eft auffi comparu le fieur Jean-François Mallé, natif de Caen, âgé de dix-huit ans, Fufilier du Régiment de la Martinique, Compagnie de Malves; lequel après ferment par lui fait de dire vérité, a déclaré, qu'il eft ici en fubfiftance, deftiné à partir pour France, qu'il étoit au Quartier Lundi dernier ; que le matin M. Duboulet, à la parade, dit au Cercle, que les Soldats devoient fe tenir prêts pour faire l'exerice à feu, le foir à cinq heures ; que M. de Malherbes eft venu à l'appel d'onze heures, qu'il a été à la chambre de fa Compagnie ; que le Dépofant n'étoit point préfent & qu'il a feulement entendu dire que M. Malherbes avoit parlé à fes Soldats, fans favoir au jufte ce qu'il leur a dit ; qu'à la fuite de la parade', M. Duboulet avoit dit dans le Cercle , qu'il falloit fe tenir prêt pour l'exercice, comme s'il devoit y en avoir, mais qu'il n'y en auroit pas ; que l'après midi on a fait donner des pierres à fufil & des cartouches , dans la crainte que les Bourgeois ne viennent fe révolter contre M. Duboulet ; qu'il ignore qu'eft-ce qui a donné l'ordre de battre la générale & de prendre les armes, que lui ne les a point prifes, qui eft tout ce qu'il a dit favoir &c. , & a déclaré ne favoir figner.

Cinquieme Témoin. Eft également comparu le fieur Nicolas Le Clerc , natif de Paris, âgé de vingt-quatre ans & demi , Caporal de la Compagnie de Duboulet , du Régiment de la Martinique, lequel après ferment &c., a déclaré qu'il étoit Lundi matin au Quartier ; que M. de Malherbes fit affembler la Compagnie & leur dit qu'il efpéroit qu'ils ne l'abandonneroient pas , que s'il les avoit maltraité autrefois on ne devoit point le hair, que le fervice l'y avoit obligé, mais qu'il étoit leur camarade, qu'il craignoit d'être affaffiné par les Bourgeois & qu'il comptoit fur eux pour le foutenir, qu'il leur feroit diftribuer les cartouches deftinées pour les poftes; que M. Duboulet étoit préfent & n'a rien dit ; que le Dépofant a été enfuite chez M. Morel pour fe rafraîchir, & qu'il n'étoit pas au Quartier l'après midi , & n'a point vu ce qui s'y eft paffé, qui eft tout ce qu'il a dit favoir, &c. *Signé*, LE CLERC.

Sixieme Témoin. Eft également comparu le fieur Pierre-Antoine Borel , natif de Verfailles , âgé de vingt-quatre ans , Caporal de la Compagnie, de Coquille , du Régiment de la Martinique , lequel par ferment par lui fait de dire la vérité, a déclaré qu'il travaille chez le fieur Callige, Libraire , qu'il s'eft rendu Lundi au Quartier à midi , qu'il a vu de la rumeur, & que fes Camarades difoient entr'eux que quatorze Officiers devoient fe battre avec quatorze Bourgeois, & qu'il falloit fe tenir fur fes gardes; qu'il eft allé chez M. Morel; qu'un Bas-Officier eft venu dire aux Soldats qui étoient là, de fe rendre au Quartier; que le fieur Le Grand, Sergent-Major de la Compagnie de Duboulet y étoit auffi , & que tous fe font rendus au Quartier; que le Dépofant a pris fon fabre & fa giberne , mais voyant qu'il y avoit du train, il a dépofé fon fabre & fa giberne & s'en eft allé avec quatre de fes Camarades chez le fieur Morel; qu'il n'a plus paru au Quartier, & n'a pas fu ce qui s'y eft paffé; que le Sergent-Major Le Grand étoit à dîner à la table de M. Morel, qui eft tout ce qu'il a dit favoir, & a figné, BOREL.

Septieme Témoin. Eft également comparu le fieur Claude Le Roy, natif de Talmey en Bourgogne , âgé de vingt-deux ans paffés ; Caporal de la Compagnie de Duboulet , du Régiment de la Martinique, lequel après ferment, &c. a déclaré qu'il eft forti de prifon Lundi matin à midi, qu'arrivant au Quartier il a vu fes camarades qui s'habilloient, qu'ils lui ont dit qu'ils avoient ordre de fe tenir fur leurs gardes, & de ne point s'écarter; que tous les Officiers devoient fe battre contre autant de Bourgeois ;

qu'il s'eft habillé auffi, mais comme il croyoit qu'il ne s'agiffoit que de faire l'exercice au blanc, & qu'il n'imaginoit pas qu'il fut queftion d'autre chofe, il n'avoit qu'une pierre de bois; qu'il reçut du Sergent-Major une gourde pour fa part du furplus de la Maffe; qu'il alla dîner avec quelques-uns de fes camarades chez le fieur Morel; qu'étant retournés au Quartier pour prendre des bouts, il vit le Sergent-Major qui avoit trois paquets de cartouches toutes neuves; que le Sergent étant à la porte avec M. le Brun de Mierville & M. Ruyere, ils l'ont empêché, pendant quelque tems, de fortir du Quartier & y ont retenu pareillement tous les Soldats; que lui s'eft échappé; qu'étant chez le fieur Morel, il a entendu battre la générale & qu'il n'eft point forti, ne voulant point fe mêler dans la querelle, & qu'il n'a pas vu le furplus de ce qui s'eft paffé; que lorfqu'il fortoit du Quartier, le Sergent-Major lui demanda où il alloit; que le Dépofant répondit qu'il alloit fe rafraîchir; le Sergent-Major lui dit je ne veux pas, paffez à la Cantine, & n'àyant vu perfonne de la Compagnie, il s'eft rendu joindre fes Camarades chez le fieur Morel, qui eft tout &c. *Signé*, LE ROY.

Huitieme Témoin. Eft également comparu Louis Chabreiron, natif de Dum-le-Paltun en Marche, âgé de trente-quatre ans, Caporal de la Compagnie de Duboulet, Régiment de la Martinique, lequel, après ferment de dire vérité, a déclaré que Lundi il étoit de garde au Mouillage; que lorfque fes camarades ont apporté la foupe à midi, ils ont dit que M. de Malherbes avoit affemblé les Compagnies, leur avoit dit qu'il falloit oublier ce qu'il avoit pu faire, que les Officiers alloient fe battre contre les Bourgeois; qu'ils étoient quatorze contre quatorze; qu'il comptoit fur les Soldats, & qu'on avoit diftribué les cartouches qui étoient deftinées pour la garde du lendemain; que le Dépofant n'a point quitté fon pofte qu'à huit heures, par l'ordre de M. Thoumafeau, & qu'il a trouvé la Compagnie partie; il a couché au Quartier, & attend depuis l'ordre de rejoindre, qui eft tout ce qu'il a dit, &c. A déclaré ne favoir figner.

Neuvieme Témoin. Eft également comparu le fieur Jofeph Tertre, Officier fur le Navire la Baffe-Pointe, après ferment, &c., a déclaré qu'il a entendu dire à M. de Rancey, Officier de la Martinique, que plufieurs Bourgeois ne portoient point la cocarde; qu'ils la porteroient à l'avenir, mais que le premier qu'il rencontreroit fans l'avoir à fon chapeau, qu'il lui couperoit les oreilles. Qui eft tout ce qu'il a dit favoir, &c. *Signé*, TERTRE.

Dixieme Témoin. Eft également comparu David Tavarey, natif de Bayonne, âgé de trente-trois ans, après ferment, &c., a déclaré que le Dimanche vingt-un, après ce qui s'étoit paffé au Spectacle, il rencontra le fieur Duboulet, avec lequel il étoit affez particuliérement lié depuis long-temps, dans l'enclos de la Comédie, qui lui avoit dit qu'il avoit été violemment forcé de prendre la Cocarde, qu'il ne l'avoit prife que de l'ordre du Gouverneur; fur quoi le dépofant lui repréfenta qu'étant le Commandant de la Garnifon, il le prioit de ne pas fe démunir de ce figne de paix ; à quoi le fieur Duboulet lui répondit qu'il la porteroit de fon propre mouvement, mais qu'il défioit qui que ce foit à Saint-Pierre de le forcer à le faire ; qu'alors M. de Laumoy, préfent, a ajouté au dépofant que tant lui que tous les Officiers portoient cette Cocarde avec cœur & courage, & qu'il étoit à fa connoiffance que le fieur Duboulet en avoit perdu trois ; que dans cet intervalle les fieurs Malherbes & Rancey font arrivés, & ont interrompu la converfation, en difant au fieur Duboulet de ne pas s'excufer, & qu'ils verroient ce qu'ils auroient à faire le lendemain relativement à cette f... Cocarde, dit le fieur de Rancey.

Onzieme Témoin. Que le lendemain Lundi, dans l'inftant où les Troupes prirent les armes, que le Dépofant pria avec inftance M. de Laumoy de le charger d'un ordre pour que le fieur Duboulet fe retirât avec fa Troupe ; que M. de Laumoy lui a répondu que cela étoit déjà fait ; mais que le Dépofant voyant que rien ne s'exécutoit, & que les clameurs demandoient les fieurs Duboulet & Malherbes, il redoubla fes inftances auprès de M. de Laumoy, qui, entrant dans la maifon de M. Fortier, donna au Dépofant, en préfence de M. le Maire & autres particuliers, un ordre par écrit pour que les fieurs Duboulet & Malherbes euffent à fe tranfporter pardevant MM. de la Municipalité ; que le Dépofant fe tranfporta aux Cazernes, où il a trouvé le fieur Duboulet à la tête de la Garnifon, à qui il a exhibé l'ordre ainfi qu'au fieur Malherbes, lefquels ont à l'inftant obéi audit ordre ; que le Dépofant a remis enfuite à M. Merle de Beaufond, Echevin de fervice : déclare en outre le Dépofant n'avoir promis aux fieurs Malherbes & Duboulet aucune fauve-garde, ainfi qu'on s'eft permis de le dire ; que c'eft tout ce qu'il a dit favoir, &c. *Signé*, David TAVAREY.

Douzieme Témoin. S'eft également préfenté le fieur Jacques-Jérémie Paige, Négociant en cette Ville, natif de Confac, en la Province de Saintonge, âgé de trente-fept ans paffés, lequel après ferment par lui fait de dire vérité, a déclaré que Dimanche dernier a fait quinze jours qu'il a entendu le fieur Duboulet, portant une Cocarde blanche à fon chapeau, dire à l'Adjudant du Détachement de la Martinique, qu'il aimeroit mieux tirer une palette de fang à celui qui le trouveroit mauvais plutôt que de l'ôter, qui eft tout ce qu'il, &c. *Signé*, PAIGE.

Treizieme Témoin. Eft également comparu Pierre Genty fils, âgé de vingt-quatre ans, natif de la Ville de Bordeaux, Négociant de cette Ville, lequel après ferment, &c. a dépofé que Lundi vingt-deux de ce mois, paffant le matin fur le Pont, il a rencontré plufieurs Officiers qui l'ont arrêté & lui ont demandé pourquoi il ne portoit pas la Cocarde, qu'il a répondu l'avoir perdue, & qu'ils lui ont répliqué qu'il falloit abfolument la prendre, qui eft tout ce qu'il a dit favoir, &c. *Signé*, GENTY fils.

Quatorzieme Témoin. Eft également comparu le fieur Pierrre Cazy, Navigateur, âgé de trente-huit ans, natif de Cannes en Provence, lequel après ferment de lui pris, de dire vérité, a dépofé que Dimanche au foir, vingt du mois, étant au Spectacle, plufieurs jeunes gens s'appercevant que le fieur Duboulet n'avoit point de Cocarde, qu'ils furent lui dire dans la loge où il étoit; de prendre la Cocarde; que s'il n'en avoit point une, ils lui en offroient; à quoi M. Duboulet répondit qu'il en avoit une dans fa main; mais lorfqu'on lui dit de la mettre à fon chapeau, il demanda s'il y avoit quelqu'un capable de la lui faire prendre; alors une quantité de jeunes gens monterent à fa loge pour là lui faire prendre, du nombre defquels étoit le Dépofant; la Sentinelle qui étoit à la porte de la loge ayant fait un mouvement, ledit Dépofant, mit la main fur fon fufil, alors l'Echevin de fervice & plufieurs Officiers de Marine prierent le Dépofant & les jeunes gens de vouloir bien fe retirer, ce qu'ils firent, & le Dépofant étant parti le même foir pour le Fort-Royal, a dit n'avoir plus rien à déclarer, &c. *Signé*, PIERRE CAZY.

Quinzieme Témoin. Eft également comparu le fieur Jacques Lanauff, âgé de vingt-huit ans, Créole de l'Ifle Martinique, lequel après ferment, a dépofé qu'il étoit au Spectacle, mais trop éloigné du fieur Duboulet, pour entendre ce qu'il a dit, qu'il a fimplement apperçu que lorfque M. Duboulet adreffa la parole au Parterre, qu'il avoit à la main fa canne & fon épée; & que le même foir étant allé dans la rue de la Nobleffe, il avoit entendu plufieurs perfonnes affemblées qui tenoient des propos fort indécens contre les jeunes gens de Saint-Pierre, relativement à l'affaire qui s'étoit paffée à la Comédie, entr'autres que les Officiers avoient molefté les jeunes gens & les avoient défiés.

Que le lendemain étant à la batterie d'Efnots il avoit vu paffer MM. de Martinville & autres Officiers au Régiment de la Martinique, l'auroient regardés fixèment comme l'ayant reconnu la veille, qu'alors, lui Dépofant, s'avança à eux & leur demanda quel étoit celui qui avoit tenu le propos qu'il couperoit les oreilles à celui qu'ils verroient fans Cocarde; que le fieur de Martinville lui répondit que tous l'avoient tenu, que dans l'inftant M. de Malherbes & de Rancey arriverent craignant que leurs camarades ne fuffent affaffinés par la foule, difant au Dépofant qu'il ne devoit point arrêter ainfi leurs Camarades dans la rue pour les rendre la victime du Peuple; à quoi le Dépofant répondit que la jeuneffe de Saint-Pierre n'étoit point accoutumée à de pareils forfaits, & qu'elle ne s'étoit jamais fouillée de femblables crimes; qu'enfin les fieurs Malherbes & Rancey lui demanderent ce qu'il vouloit à leurs camarades; qu'il leur dit qu'il vouloit favoir celui d'entr'eux qui avoit avancé qu'il couperoit les oreilles au premier qu'il rencontreroit fans Cocarde; à quoi le Dépofant leur répondit, qu'il n'en avoit point & qu'il leur défioit d'effectuer le propos fur lui; alors arriverent MM. Duboulet & le Merle de Beaufond, Echevin, devant lequel M. Malherbes leur dit que s'il vouloit venir quatorze enfemble les trouver, ils fe trouveroient auffi quatorze Officiers difpofés à leur faire raifon; que là-deffus ils s'affemblerent quatorze jeunes gens armés; que l'après midi à deux heures ils monterent au Quartier & propoferent à ces Meffieurs de fe rendre au lieu propofé; que loin de voir venir ces Meffieurs ils ont entendu battre la générale, les Soldats prendre les armes;

que la Municipalité avec M. de Foulon s'étoient déjà rendus vers les Cazernes, où ils
font également accourus, & que le Déposant a entendu MM. de Malherbes & Duboulet
crier aux Soldats, en joue par les fenêtres ; que les Soldats en effet se font présentés
aux fenêtres & ont couché le Peuple en joue : qui est tout ce qu'il a dit savoir.
Signé, L'ANAUFF.

Seizieme témoin. Est également comparu le sieur Aiguié Camoisin, natif de
cette Ville, âgé de trente-un ans, lequel après serment, &c. a déclaré que Dimanche 21 du mois de Février, étant au Spectacle de cette Ville ; dans une loge
derriere le sieur Duboulet, Capitaine, commandant le Détachement du Régiment
de la Martinique ; que le Parterre s'étant apperçu qu'il n'avoit pas la Cocarde
nationale à son chapeau, plusieurs Citoyens s'étant empressés à lui en porter une ;
que ledit sieur Duboulet l'avoit réfusée, en disant qu'il avoit perdu la sienne, & que
le Citoyen l'avoit prié cependant d'accepter celle qu'on lui offroit au nom du Peuple, ce qu'il a toujours constamment refusé ; M. de Laumoy s'est présenté audit
sieur Duboulet, le priant de l'accepter & de la mettre à son chapeau : alors le sieur
Duboulet lui a répondu : Commandant, je l'accepte par votre ordre & non par
celui du Peuple, & a demandé au Parterre s'il y avoit quelqu'un qui seroit dans
le cas de la lui faire prendre, qu'il alloit descendre, en offrant un cartel au Peuple, &c. *Signé*, CAMOISIN.

Dix-septieme Témoin. Est également comparu le sieur Pierre Cormerais, natif
du Robert de cette Isle, âgé d'environ quarante ans, Négociant, lequel après
serment de lui, &c. a déclaré que Lundi dernier, 22 de ce mois, sur la connoissance qui lui fut donnée du cartel que les Officiers du Régiment de la Martinique avoient donné aux Habitans de Saint-Pierre de se trouver au nombre de
quatorze à la Riviere, pour se battre avec eux en nombre égal, il fut invité &
accepta à être du nombre des Combattans ; que s'étant rendu avec les autres
l'après-midi au lieu désigné, ils virent en passant au haut de la rue Foulon, deux
Officiers à leur fenêtre, auxquels ils firent connoître ce qui les concernoient ; que
ces Officiers leur annoncerent qu'ils alloient s'y rendre, mais qu'ils sortirent de
chez eux ; & au lieu de les suivre, ils traverserent la riviere, se rendirent au
Quartier où sitôt qu'ils y furent, on entendit battre la générale ; qu'il ignore quel
est l'Officier qui en a donné l'ordre ; qu'ils ne connoît pas même les deux Officiers auxquels il a parlé ; qu'il poursuivit sa route avec les autres ; qu'étant rendu
au lieu indiqué pour le combat, il ne s'y trouva que M. le Jeune de Clermont
fils, qui déclara ne pas prendre la querelle des Officiers ; mais que, si quelques
Citoyens avoient à lui demander raison de quelque injure, il étoit prêt à donner
satisfaction comme Citoyen lui-même ; enfin, qu'ennuyé d'attendre les Officiers,
ils envoyerent quelques-uns de leurs Camarades pour les avertir, & qu'ils n'y vinrent point, qui est tout ce qu'il a dit, &c. &c. *Signé*, CORMERAIS fils.

Dix-huitieme

Dix-huitieme Témoin. Eſt également comparu le ſieur Arnand Cormerais , natif du Quartier du Robert de cette Iſle , âgé de 37 ans , Négociant , lequel après , &c. a déclaré que Lundi dernier ſur la connoiſſance qu'il eut d'un cartel des Officiers du Régiment de la Martinique en garniſon en cette Ville , il avoit accepté d'être du nombre des quatorze combattans qu'ils avoient demandé pour ſe battre contr'eux à égal nombre ; que s'étant rendu en conſéquence dans la rue de Foulon , il avoit rencontré M. Duboulet , commandant le Détachement , auquel il avoit annoncé le motif qui l'amenoit , & qu'il lui avoit offert de mettre en ligne les combattans reſpectifs pour vuider le différent ; que cet Officier s'étoit excuſé & avoit prétexté que c'étoit un mal-entendu ; que lui Dépoſant l'avoit taxé comme il le méritoit , mais qu'il avoit toujours refuſé un combat qu'il avoit provoqué lui-même ; que de même lui Dépoſant s'étoit adreſſé à M. de Malherbes , Officier au même Régiment , qui avoit fait le même refus , réitéré par tous les Officiers l'un après l'autre ; que les Officiers avoient enſuite traverſé la riviere , s'étoient rendus au Quartier , où lui Dépoſant les avoit ſuivi avec quelques-uns de ſes camarades ; que les Officiers en arrivant avoient crié aux armes ; qu'on avoit battu la générale ; & que s'étant approché pour provoquer les Officiers , il fut averti que les Soldats avoient mis en joue ſur lui ; qu'il vit en effet pluſieurs Soldats aux fenêtre de la Cazerne qui l'avoient pointé ; qu'il ſaiſit alors un Officier à la gorge , lui tenant ſon épée ſur le cœur , & dit en s'adreſſant aux Soldats , que s'ils faiſoient le moindre mouvement , l'Officier étoit mort ; que celui-ci fit ſigne aux Soldats de rentrer , ce qu'ils exécuterent ; qu'alors M. de Foulon , Intendant , s'empreſſa de pacifier tous les eſprits , qu'il ſe porta avec tout le zele & l'activité d'un Chef courageux & fidele à ſes devoirs ; après cela que tout le Peuple ayant crié aux armes , lui Dépoſant , ſe retira pour concourir à la défenſe commune qui paroiſſoit devenir éceſſaire , qu'il eſt tout ce qu'il a dit ſavoir , &c.

Signé , A. CORMERAIS.

Dix-neuvieme Témoin. Eſt également comparu le ſieur François Gaubert , natif de la Trinité de cette Iſle , Marchand Orfèvre , âgé de trente-cinq ans , lequel après ſerment prêté de dire , &c. a dépoſé que , Lundi dernier 22 de ce mois , il ſe trouva le matin devant la porte du Spectacle , où M. Duboulet , commandant le Détachement du Régiment de la Martinique , étoit avec M. Malherbes & M. de Rancey , Officiers du même Régiment ; que M. Duboulet lui demanda pourquoi il n'avoit pas la Cocarde ; que lui Dépoſant répondit qu'étant inſtruit du propos tenu par luidit ſieur Duboulet la veille à la Comédie , qu'il couperoit les oreilles à tous les Bourgeois qui n'avoient pas la Cocarde , il attendoit l'inſolent qui ſe permettroit ſur lui l'effet de ce propos , & que ſi c'étoit lui il ſauroit à qui parler ; qu'alors ledit ſieur Duboulet s'étoit excuſé des propos qu'on lui faiſoit tenir , mais qu'il y avoit moyen de donner raiſon ; que le ſieur de Rancey propoſa alors qu'ils étoient quatorze ; qu'un pareil nombre de Citoyens

F

n'avoit qu'à se présenter, & qu'on leur donneroit satisfaction ; qu'il accepta le défi ; & que s'étant trouvé l'après-midi au rendez-vous indiqué par ces Officiers, ils ne s'y étoient point rendus ; qu'au contraire ils avoient été au Quartier, où lui Déposant avoit entendu battre la générale & vu les Soldats en joue sur les Citoyens ; qu'alors il s'étoit retiré : qui est tout ce qu'il a dit savoir, &c. *Signé*, GAUBERT.

Vingtieme Témoin. Est également comparu le sieur Antoine Cazi, âgé de vingt-trois ans, natif de Cannes en Provence, après serment, &c. a déposé qu'il étoit Dimanche, 21 de ce mois, à la Comédie, dans le Parterre ; qu'il entendit du bruit pour raison de la Cocarde dont le sieur Duboulet n'étoit point décoré ; que plusieurs jeunes-gens furent pour lui présenter ; qu'il la refusa & l'accepta ensuite de M. de Laumoy, en disant qu'il ne la prendroit jamais du Parterre, ce qui excita une rumeur considérable ; que le sieur de Rancey menaça le Public, provoqua tous les jeunes-gens, en les menaçant de leur couper les oreilles; que le lendemain Lundi matin, lui Déposant se trouva sur la Batterie d'Enoft avec le sieur Lanauff; que le sieur de Malherbes, le sieur Rancey & plusieurs autres Officiers ayant passé, les regarderent avec mépris ; que s'étant approché pour en connoître le motif, ces Officiers se permirent les propos les plus insu'tans, & que le sieur de Malherbes entr'autres proposa un cartel général ; qu'ils étoient quatorze ; qu'un pareil nombre de jeunes-gens, s'il s'en trouvoit, n'avoit qu'à se trouver l'après-midi sur la Savanne de M. Desruisseaux ; que lui Déposant s'étant trouvé au lieu & heure indiqués, les Officiers n'y vinrent point ; qu'ils furent les chercher au Quartier où ils refuserent de se battre, quoique provoqués ; qu'il entendit battre la générale dans le quartier des Troupes , & vit les Soldats en joue sur les Citoyens; qui est tout ce qu'il a dit , &c.

Signé, CAZI , cadet.

Vingt-unieme Témoin. Est comparu également le sieur Antoine Benvoste , âgé de vingt-six ans, natif de la Ville de Narbonne, Paroisse Saint-Just & Saint-Pasteur, lequel, après serment , &c. , a déposé qu'étant, Lundi vingt-deux de ce mois, sur les dix heures du matin, il a apperçu plusieurs Officiers , entr'autres le sieur Duboulet, Malherbes & Clermont, fils, il s'est approché d'eux , & avoit entendu dire par les trois ci-dessus dénommés, qu'il étoit inutile de chercher à découvrir les auteurs des propos tenus la veille, qu'ils ne s'en rétractoient nullement , & étoient prêts à en donner raison au premier qui se présenteroit ; que saisi d'une juste indignation, il a répondu au sieur Duboulet qu'il acceptoit son défi ; que dans l'instant il a voulu lui faire mettre l'épée à la main, ce qu'il a refusé, disant que la foule du monde qu'il voyoit, lui faisoit craindre d'être assassiné. Sur quoi les autres Officiers présens , & notamment M. Clermont, ont dit qu'ils étoient quatorze , & que si pareil nombre pouvoit se présenter , qu'alors le différend seroit bientôt terminé.

Déclarant en outre que s'étant rendu au lieu indiqué , il joignit M. Duboulet, à qui il dit qu'il se rendoit au cartel proposé, à quoi il n'a répondu que par des propos vagues qui ne tendoient qu'à éluder ; que dans l'instant il a entendu dire que la Troupe sortoit & qu'on battoit la générale , ce qui lui a fait quitter M. Duboulet & marcher vers la Troupe ; qu'alors il a joint M. de Laumoy ; que le soupçonnant justement d'être l'auteur de cette sortie , de concert avec les Officiers , & auquel il a dit , en le prenant par le bras, qu'il lui répondoit , sur sa tête, des mouvemens de cette Troupe ; sur quoi ledit sieur de Laumoy l'a prié de le laisser marcher devant ; à quoi le Déposant a , de son côté, dit qu'il le vouloit bien , mais qu'il ne le laisseroit pas. Arrivés ensemble au-devant du Petit-Pont de bois , le Déposant a apperçu la Troupe se mettant en bataille ; que M. de Laumoy leur a fait un signe d'après lequel la Troupe s'est avancée ; qu'ils ont joint la Troupe ; M. de Laumoy est entré dans les rangs, & en a fait rentrer une partie ; que dans ce moment le Déposant a été menacé par plusieurs Soldats , entr'autres par l'Adjudant qui lui a dit : Sacré nom de Dieu , retirez-vous , sans quoi la Troupe à l'instant va sortir à ma voix , à quoi le Déposant a répondu qu'il pensoit qu'il s'en donneroit bien de garde ; qui est tout ce qu'il a dit , &c.

Signé , BENNOSTE.

Vingt-deuxieme Témoin. Est également comparu le sieur Jean-Baptiste-Jean-Clair Charon , Négociant, agé de cinquante-neuf ans passés, natif de Nantes en Bretagne, paroisse Saint Nicolas , lequel après serment , &c. ; a déclaré que depuis près de quinze jours avant l'événement du vingt-un il a représenté à M. Duboulet qu'il avoit tort de ne pas prendre la Cocarde Nationale, qu'il lui a répondu qu'il en faisoit trop peu de cas, & que s'il pouvoit il la fouleroit aux pieds, & qu'une vile canaille qui voudroit le forcer n'en viendroit jamais à bout ; que les Officiers de la Municipalité, de la tête à la queue , ainsi que ceux de la Commune, étoient des gens de rien , & qui n'étoient propre à rien ; que le Dimanche au soir vingt-un, étant à la Comédie, il s'éleva un bruit dans le parterre, entre les deux pieces, & que l'on cria à M. Duboulet de prendre la cocarde qui lui fut présentée par un Citoyen que le Déposant ne connoît pas, ledit Citoyen lui ayant proposé de dire le oui ou le non , il le refusa constamment jusqu'au moment que M. de Laumoy lui dit de la prendre ; il repondit à M. de Laumoy, ainsi que lui-même l'a raconté au Déposant, que s'il le forçoit à la prendre il la prendroit, qu'alors M. de Laumoy le lui ordonna ; il la prit & la montra à tous les Citoyens du parterre & du spectacle, en leur disant que c'étoit pour obéir aux ordres de M. de Laumoy & non pour satisfaire le Peuple ; on lui cria de nouveau de mettre la Cocarde à son chapeau ; il hésita long-temps & parut enfin avec la Cocarde à son chapeau, qu'il mit sur sa tête en disant à l'assemblée, vous me faites commettre une indécence , vous m'obligez de porter mon chapeau sur la tête, & portant à la main sa canne & son épée, il défia le parterre, en leur disant , si quelqu'un a besoin de moi je vais defcendre ; alors M. de Rancey, Officier dudit Regiment, fe leva du côté de la loge du Général, & cria indécemment qu'une grande partie des Bourgeois ne portoit pas la Cocarde & qu'ils auroient le même droit de les y obliger ; le tumulte ceffa à peu près dans ce moment, & la piece commença ; le Dépofant obferve que pendant tout ce tumulte il fe paffa beaucoup de mouvements parmi les Officiers & Soldats de la Troupe qui étoient ce jour là au Spectacle ; le Dépofant déclare auffi que beaucoup de femmes craignant quelques événemens facheux fortirent du Spectacle, du nombre defquelles étoient Mlle. fa fille, fa belle fœur & une demoifelle ; le Dépofant refta tre-fpeu de tems après elles, & il ignore ce qui s'eft paffé enfuite.

Le lendemain Lundi vingt-deux, il vit le matin le fieur Duboulet fur fes fept heures & demie qui defcendoit de chez lui dans la rue, & qu'il lui raconta encore ce que le Dépofant déclare ci-deffus.

Le Dépofant apprit que les fieurs Duboulet, Rancey & Malherbes avoient defcendu au Mouillage & avoient propofé un cartel à quatorze jeunes gens de la Ville, s'ils fe trouvoient & s'ils ofoient fe préfenter. Sur les trois heures après diner, il vit arriver une foule de monde, à la tête defquels étoient plufieurs jeunes gens armés de leurs épées, & paffant au travers des Officiers, leurs dirent nous fommes quatorze, Meffieurs, comme vous l'avez demandé, rendez vous, & les provoquant plufieurs fois, Meffieurs les Officiers ne parurent point vouloir accepter le défi, pendant ce tems divers Soldats du Regiment vinrent parler à l'oreille de leurs Officiers, & le planton du fieur Duboulet ne le quitta point ; en ce moment on vient crier que les Troupes prenoient les armes ; ce qui étoit réellement vrai, puifqu'on les vit tous en ordre de bataille devant les Cafernes ; qu'alors il entendit le Peuple crier aux armes ; il vit chacun défiler, & fe rendre au-devant de la Municipalité, ce qu'il fit auffi ; & le Dépofant déclare que tout ce qui s'eft paffé l'après midi entre les Officiers & les jeunes gens, s'eft paffé devant fa porte, qui eft tout ce qu'il a dit favoir, &c.

Signé, CHARRON.

Vingt troifieme Témoin. Eft également comparu le fieur Antoine Berth, âgé de trente trois ans, natif de Coutonnier en Brie, lequel après, &c. a dépofé que Lundi de vingt deux du mois, ayant appris que, fur les trois heures, différents jeunes gens, au nombre de quatorze devoient fe rendre au Cartel propofé par MM. les Officiers du Régiment de la Martinique, & jaloux d'être du nombre &, allant au lieu indiqué, il a rencontré le fieur Dorigny, Adjudant du même Régiment, auquel il a demandé fi MM. les Officiers étoient difpofés, lequel lui a répondu qu'ils étoient tous prêts, mais comme ils craignoient d'être affaffinés par les Bourgois, qu'ils alloient faire prendre les armes à tous les bas Officiers, c'eft-à-dire, leurs fabres & eur ordonner de tailler & trancher tout ce qui fe préfenteroit devant eux ; à quoi le Dépofant a répondu que c'étoit avoir une opinion bien défavantageufe des honnêtes gens qui avoient accepté le Cartel. Qui eft tout qu'il a dit favoir, &c. *Signé* BERTHE.

Déclare en outre le Déposant, que s'étant avancé vers la Cazerne , il avoit dit à quelques Soldats , prenez garde mes enfants , ne vous rendez pas coupables, rappellez-vous des sermens que vous avez faits; que dans ce moment s'est avancé un Officier qui lui a dit qu'il n'avoit rien à commander & qu'il eût à se retirer , & que lui déposant lui dit , M. songez à ne commander que des choses justes ; qu'alors il vit M. Kergus qu'il connoissoit qui , le voyant avoir quelques propos avec son camarade, l'invita à rester tranquille , en lui disant , mon ami, nous sommes tous Citoyens; qu'alors le Déposant lui demanda où étoit sa Compagnie , qu'il lui répondit quelle étoit rentrée & qu'elle ne sortiroit que pour aller au Fort-Royal , que jamais il ne souffriroit qu'elle prît les armes contre les Citoyens, mais que si ses camarades se battoient contre les Bourgeois, il ne se battroit que dans le cas qu'il y fut forcé comme affaire de corps. Qui est tout ce qu'il savoit. *Signé* BERTHE.

Est également comparu le sieur François Bonnet , âgé de vingt trois ans, natif de la Ville de Saint-Pierre, Paroisse du Fort , lequel après, &c. serment &c. a déposé que le Dimanche vingt-un de ce mois étant au Spectacle, il a vû qu'on a offert la Cocarde au sieur Duboulet qui la refusa , & qu'il a entendu le sieur Rancey dire F.... il y a plus de cinquante Bourgeois qui ne l'ont pas; qu'étant sorti de la salle de Spectacle il a rencontré M. Cazi l'aîné, auquel il a dit que le premier Bourgeois qu'il rencontreroit sans Cocarde qu'il lui couperoit les oreilles ; à quoi ledit Cazi l'aîné lui a répondu qu'il courroit risque de n'avoir pas les siennes le soir; que le lendemain s'étant trouvé au lieu indiqué du Cartel, il a rencontré le sieur de Rancey, vis-à-vis la maison du sieur Sainte-Rose, entouré de plusieurs Officiers de la Municipalité auxquels il a dit qu'ayant été insulté à la salle de Spectacle, ainsi que les autres Citoyens, il venoit lui en demander raison ; mais que M. le Maire alors se servit de son autorité vis-à-vis de lui, comme Citoyen ; qu'à l'instant il entendit battre la générale, qu'il accourut, vit les Troupes coucher le Peuple en joue, & le Peuple crier aux armes, qui est tout ce qu'il a dit savoir , &c. *Signé* , FRANÇOIS BONNET.

Vingt-cinquieme Témoin. Est également comparu le sieur Antoine Jusselin, Citoyen de cette Ville , natif de Bordeaux, âgé de trente huit ans; lequel après serment, &c. a déclaré que Lundi dernier, sur les dix heures du matin, il étoit à l'Hôtel-de-Ville, où il parloit avec M. le Merle de Baufond , Echevin ; le Commis à la Police lui dit tout bas qu'il y avoit du train dans la rue; il se mit à la fenêtre & apperçut la Garde de la Batterie d'Enost au dehors du Corps-de-Garde, avec les armes. ; dans le même instant ayant porté sa vue du côté de la porte , il vit beaucoup de monde assemblé & M. de Malherbes qui venoit seul du côté de la Maison-de-Ville; il étoit alors vis-à-vis le Greffe & fit signe à la Garde de rentrer; elle rentra aussitôt; le sieur de Malherbes se rendit ensuite à l'Hôtel-de-Ville, où il réclama de M. le Merle de Beaufond qu'il fit finir les Bourgeois; M. de Beaufond lui fit quelques représentations; M. de Malherbes entr'autres choses, dit nous sommes parfaitement décidés à nous dé fendre, quand même il y en auroit cinquante ; le sieur Malherbes sortit ensuite avec M. de Beaufond ; qui est tout ce qu'il a dit savoir, &c. *Signé* JUSSELIN.

Vingt-sixieme Témoin. Est également comparu le sieur Louis-Michel-Claude Maizieres, Citoyen de cette Ville, natif d'icelle, âgé de trente-six ans, lequel, après serment, &c., a déclaré que Dimanche, pendant le Spectacle, il étoit assis sur un banc devant l'Hôtel-de-Ville, ayant entendu dire par plusieurs Citoyens que M. Duboulet avoit refusé de prendre la cocarde qui lui avoit été présentée, il s'étoit rendu à la Comédie ; il avoir vu sur la terrasse, devant le Café, M. Eyma, Echevin, qui parloit à MM. Duboulet, Malherbes & Rancey, au milieu d'un groupe de monde parmi lesquels étoient plusieurs Officiers de Marine. M. Eyma dit qu'il pouvoit y avoir des torts de part & d'autre, & qu'il convenoit que chacun se retirât ; M. de Malherbes lui répondit : Vous nous jugez donc, Monsieur, en disant qu'il y a des torts de part & d'autre, c'est nous en supposer. M. Eyma lui dit : Non, Monsieur, je ne vous juge pas ; j'ai l'honneur de vous répéter qu'il pourroit y avoir des torts de part & d'autre ; cependant j'aurois le droit de me servir de l'une ou de l'autre expression, en ma qualité de Municipal pour la tranquillité générale ; le Déposant s'étant retiré, & le monde s'étant un peu dispersé, il entendit M. de Malherbes dire : Vous croyez qu'ils viendront, il n'en viendra pas un, allez vous-en.

Que le Lundi matin, il étoit à l'Hôtel-de-Ville, lorsqu'on parla du train qu'il y avoit vers la porte de la Comédie ; qu'ayant regardé par la fenêtre, il vit la Garde de la Batterie d'Enoft qui étoit en dehors, sous les armes ; au même instant il vit venir M. de Malherbes qui fit signe à la Garde de rentrer ; & étant rentré à l'Hôtel-de-Ville, dit à M. le Merle de Beaufond : Est-ce à vous que l'on doit s'adresser pour faire finir les Bourgeois ? M. le Merle dit : Je vais aller avec vous. M. de Malherbes répondit : Quand ils seroient cinquante, nous ne les craindrions pas, nous sommes décidés à nous défendre ; le sieur Malherbes sortit ensuite ; qui est tout ce qu'il a dit savoir, &c. *Signé* MAIZIERES.

Vingt-septieme Témoin. Est comparu également le sieur Pierre-Paul Fourn, Négociant, âgé de trente-neuf ans, natif de Limoux en Languedoc, Paroisse Saint-Martin, lequel, après serment, &c., a déposé qu'environ huit ou dix jours avant l'événement du Dimanche 21, le Déposant se trouvant avec le sieur Duboulet dans la Gallerie du Spectacle, il le tira à part, & lui dit amicalement, devant le sieur l'Abadie, Chirurgien Major, que le Peuple s'étant apperçu qu'il ne portoit pas la cocarde, commençoit à murmurer, & qu'il étoit à craindre que s'il s'obstinoit, il craignoit quelqu'éclat fâcheux ; qu'il l'engageoit à la prendre ; sur quoi le sieur Duboulet lui répondit d'un ton très-haut, que celui ou ceux qui murmuroient, n'avoient qu'à se présenter, & que si la cocarde blanche leur déplaisoit, il les mettroit à portée de la rougir ; & se répandit en même tems en propos injurieux ;

qu'il réitéra fur la porte, devant plufieurs Citoyens affez fages pour ne pas y répondre.

Dépofe en outre que, le Dimanche 21, allant au Théâtre, il entendit feulement le fieur Duboulet propofer le défi au Public, & qu'à la fuite de cette émeute, s'étant tranfporté dans l'efcalier qui aboutit aux Loges, pour parler à l'Echevin de fervice qu'il trouva avec le fieur de Malherbes, il entendit ce dernier répondre aux obfervations honnêtes que lui faifoit l'Echevin fur l'évènement qui venoit de fe paffer par des propos durs & déplacés, & d'un ton qui annonçoit le mépris; qui eft tout ce qu'il a dit favoir, &c.

Signé, FOURN.

Vingt-huitieme Témoin. Eft comparu le fieur Jean-Louis Pédélupe, fils, âgé de vingt-quatre ans, natif de la Ville de Saint-Pierre, Isle-Martinique, Paroiffe Notre-Dame de Bou-Port, lequel, après ferment, &c., a dépofé que le Lundi vingt-deux de ce mois, étant fur la Batterie, il apperçut un grouppe de monde affemblé du côté de la porte du Greffe; que voulant favoir ce qui fe paffoit, il apperçut le fieur Lanauff qui parloit à MM. Malherbes & Duboulet, qui difoient au fieur Lanauff, que fi le fieur Rancey avoit dit qu'il couperoit les oreilles au premier Bourgeois qu'il rencontreroit fans cocarde, ils étoient faits pour foutenir ce que leurs camarades avoient avancé; qu'ils étoient quatorze Officiers, & de fe procurer quatorze Bourgeois, fi on pouvoit les trouver; que, l'après midi, s'étant avec les autres combattans tranfportés de l'autre côté de la riviere, ils rencontrerent les fieurs Malherbes, Duboulet & quelques autres Officiers, vis-à-vis de la maifon de M. Sainte-Rofe, à qui un de la bande dit qu'il étoit venu avec fes camarades pour favoir s'ils étoient toujours dans les mêmes difpofitions; que cependant il apperçut un Adjudant & quelques Bas-Officiers avec le fabre fous leur bras, que dans l'inftant il entendit battre la générale, & le Peuple crier aux armes; qui eft tout ce qu'il a dit favoir, & lecture faite de fa dépofition a perfifté dans tout ce qu'elle contient; & a figné PÉDÉLUPE, fils.

Collationné CRASSOUS DE MEDEUIL, Secrétaire-Greffier.

N°. V.

PROCÈS-VERBAL de l'embarquement.

Du 23 Février 1790.

L'an mil sept cent quatre-vingt-dix & le Mardi vingt-trois Fevrier, deux heures & demie de relevée, la Commune & la Municipalité étant assemblées en l'Hôtel de Ville où le peuple étoit en grand nombre.

M. le Maire a fait donner lecture d'une lettre à lui adressée par M. le Comte de Viomenil & signée de tous les Officiers du Conseil de Guerre, qu'il avoit convoqué, à la réception de celle que M. le Maire avoit écrit le jour d'hier pour lui faire part de ce qui s'étoit passé ; M. de Viomenil réclame que les sieurs *Duboulet & Malherbes* dont la conduite a été *universellement blamée, soient renvoyés au Fort-Royal sur la parole de M. le Général, & de tous les Officiers pour y être jugés par le Conseil de Guerre avec toute la sévérité que mérite leur conduite* : Il fait craindre que les Soldats ne soient disposés à prendre le parti de leurs Officiers, & il annonce qu'il les a fait consigner au Fort, mais qu'ils demandent une prompte réponse.

Cette lettre a produit diverses sensations ; après quelques débats, le Peuple a insisté avec la plus grande force pour l'arrêté d'hier, & l'embarquement des deux coupables ; la Municipalité & la Commune se sont rendues à son vœu, & il a été pourvu tout de suite à ce qu'ils fussent embarqués.

La dénonciation à l'Assemblée Nationale a été faite, lue & approuvée, & elle a été adressée avec la copie du Procès-Verbal d'hier, à la Municipalité de Bayonne ; où se rend le Navire les Cousines, Capitaine la Couture, qui a bien voulu se charger des coupables, ou de tel autres port François auquel il abordera.

L'embarquement a été fait peu de tems après ; les sieurs Duboulet & Malherbes ont été accompagnés par plusieurs Membre de la Municipalité & de la Commune, leurs effets leur ont été remis, & le sieur Malherbes en a donné sa reconnoissance ; on a vu dans cette occasion une preuve des attentions & du zele éclairé de M. l'Intendant, qui ayant été à bord, a donné à chacun de ces Messieurs une lettre-de-change sur son Banquier pour, pourvoir à leurs besoins en France, &c. Fait & clos la Délibération les jour & ans que dessus. *Signé* THOUMASEAU, Maire ; LE JEUNE DE MONTNOEL, Président de la Commune ; SPITALIER DE SEILLANT, Vice-Président ; MARTIN, secrétaire.

Collationné CRASSOUS DE MEDEUIL, *Secrétaire-Greffier de la Municipalité.*

N°. VI.

N°. V I.

EXTRAIT des Regiſtres des Délibérations de la Commune de Saint-Pierre.

Du premier Mars 1790.

L'an mil ſept cent quatre-vingt dix, & le Lundi premier Mars, trois heures de relevée, la Municipalité & la Commune de la Ville de Saint-Pierre Iſle Martinique, aſſemblées en l'Hôtel-de-Ville, d'après la convocation expreſſe faite par M. le Maire.

M. le Vicomte de Pontevez-Gien, commandant les forces navales aux Iſles du Vent, a été annoncé. M. le Maire a expoſé que M. le Vicomte de Pontevez, animé de ce zèle patriotique, dont il a donné ſi ſouvent des preuves, vivement affecté de la poſition où ſe trouvoit la Colonie, & des maux auxquels tous les Citoyens étoient expoſés, deſiroit ardemment de concourir à ramener l'ordre, s'étoit rendu en cette Ville pour travailler de concert avec les Citoyens, à diſſiper toutes les ſemences de diſcorde ; qu'il venoit en conſéquence, faire part de pluſieurs idées qui lui avoient paru propres à ramener les Soldats à des ſentimens pacifiques.

M. de Pontevez prenant la parole, a dit : » que ſes titres pour venir auprès du Peuple, étoient dans ſon attachement à la Patrie, dans ſon amour ſincere pour la paix, & dans le deſir de la voir renaître ; que la démarche faite hier par quelques Soldats qui ſont ſortis du Fort-Royal avec des diſpoſitions apparentes de venir à Saint-Pierre, quoiqu'ils ne fuſſent armés que de leurs ſabres, l'avoit fait céder aux demandes & inſtances de M. le Général, & l'avoit décidé à venir offrir ſa médiation pour ne pas laiſſer porter plus loin l'efferveſcence.

» Qu'au milieu des efforts qu'il avoit fait conjointement avec M. le Général & MM. les Officiers, pour contenir les Soldats, il avoit remarqué que ce qui les irritoit le plus, étoit l'idée des Uniformes enlevés aux deux Officiers & déchirés ; qu'ils croyoient l'honneur intéreſſé à ravoir ces deux Uniformes, qu'ils tenoient auſſi très-fortement aux armes qui avoient été priſes & aux canons de campagne qui étoient reſtés ici ; que le Militaire tient à ſes armes, & ſur-tout à ſes canons, comme à ſes Drapeaux ; qu'il ſeroit donc poſſible de donner une ſatisfaction aux Soldats ; qu'en leur rendant les deux Uniformes, leurs armes & leurs canons, tout s'appaiſeroit certainement ; qu'il n'y avoit point de démarche qui dût coûter, lorſque l'intérêt public l'exigeoit ; que cette remiſe pourroit être faite par une Députation ou au moins accompagnée d'une lettre.

G

,, Que fi cette démarche n'étoit pas de l'avis de la Commune, il pourroit être pris un autre parti, peut-être plus convenable; qu'en faifant revenir à Saint-Pierre dans le tems qui paroîtroit le plus favorable, une Garnifon de Régiment, comme elle étoit ci-devant, ayant foin de la compofer d'Officiers & Soldats qui fuffent agréables au Peuple, & qui par leur conduite paffée, ne fuffent aucunement fufpects; ce feroit donner de la part du Peuple, la preuve la plus forte, qu'il n'a point eu le Corps entier en vue, lorfqu'il a demandé les Uniformes, ce feroit rétablir la confiance; qu'alors on fatisferoit à la demande des Soldats, en rendant au Détachement les armes, les canons & tout ce qui peut appartenir au Corps.

M. de Pontevez ayant fini de parler, la Commune lui a témoigné, par fes applaudiffemens, combien elle étoit fenfible à la démarche qu'il avoit faite; combien elle étoit convaincue que le Patriotifme le plus pur avoit dicté fes propofitions : la matiere étant mife en délibération, après que M. de Pontevez s'eft retiré, la Commune confidérant,

Que l'éloignement dans lequel M. de Pontevez s'eft trouvé, ne lui a pas permis de connoître la pofition exacte dans laquelle le Peuple s'eft vu Lundi, en préfence de la Garnifon, & la gravité du crime prémédité, dont les fieurs Duboulet & Malherbes fe font rendus coupables; qu'il n'a pu approfondir ces détails effrayans, & n'a entendu que des rapports infideles; que fon arrivée au milieu de nous étoit la chofe la plus heureufe pour la Ville de Saint Pierre, puifqu'il pouvoit s'inftruire des faits & tranfmettre aux Soldats les véritables fentimens qu'ils doivent avoir, leur faire fentir, avec la force & l'énergie d'un Militaire diftingué, que l'inftant du déshonneur, pour eux tous, feroit celui où ils fe détermineroient à s'armer contre Saint-Pierre.

Que le Régiment ne peut avoir aucuns droits à demander une réparation, puifque deux Compagnies fe font rendues criminelles en violant leur ferment, en attaquant le Peuple, en le couchant en joue; & que tout ce qui s'eft paffé depuis, n'eft que la fuite de la jufte indignation qu'ont dû infpirer les Officiers, auteurs d'un tel attentat; que le Régiment, en exigeant une réparation pour les redingotes, dont les deux coupables fe font dépouillés, fe rendroit, en quelque forte, leur complice.

Que ces habits font déchirés, n'exiftent plus, & que quand ils exifteroient, l'honneur du Corps ne lui permettroit pas de les réclamer; qu'il n'eft pas poffible de les remplacer par d'autres, fans donner au Régiment une humiliation que le Peuple n'a nulle intention de provoquer; & qu'enfin il n'y a point de proportion entre deux Uniformes déchirés, & le tableau affreux de Soldats prêts à tirer fur un Peuple fans défenfe.

Qu'une Députation chargée de remettre ces habits, ne feroit que répéter les fentimens du Peuple, manifeftés à M. le Général, exprimés franchement dans la Lettre que le Régiment a dû recevoir le 24 & publiée dans la Gazette; & qu'une déclaration fi authentique ne laiffe abfolument rien à defirer.

Que les fufils & les canons ont été pris par le Peuple pour une défenfe abfo-lument néceffaire; que ces armes, qui étoient confiées aux Soldats pour la défenfe de la Colonie, ne peuvent leur être remifés, que lorfqu'il fera certain qu'elles ne devront pas être employées contre les Citoyens.

Que M. le Maire ayant requis la fortie de la Garnifon, lorfqu'elle a tourné fes armes contre le Peuple, il n'eft pas poffible d'en exiger une autre en remplacement, au moins jufqu'à nouvel ordre.

Que le Peuple de Saint-Pierre enfin, depuis le moment où la générale a été battue, depuis qu'il a vu les fufils en joue fur lui, s'eft tenu fur la défenfive, n'a rien réclamé de M. de Rancey, ni de tous ceux qui s'étoient rendus criminels, & qu'il s'eft maintenu dans la plus parfaite modération.

En conféquence, il a unanimement décidé que communication feroit donnée à M. de Pontevez des procès-verbaux, informations & autres Pieces Juftificatives des faits arrivés les 21 & 22, & des manœuvres qui les avoient précédées; qu'il fera invité à continuer fes foins & à déployer encore toute la nobleffe & la générofité de fon âme, pour faire connoître la juftice de la caufe pour laquelle le Peuple eft contraint de refter armé, & faire rentrer les Soldats dans le devoir & dans le vé-ritable efprit dont ils ne feroient fûrement pas fortis, s'ils avoient été fuffifamment inftruits.

Que fi contre toute efpérance, les Soldats continuent leurs menaces; il ne faut pas douter que M. de Pontevez n'emploie les forces qui lui font confiées, pour venir donner toute protection au Commerce & aux Citoyens.

Que copie de la préfente Délibération fera remife à M. de Pontevez, comme un monument des fentimens qu'il a infpirés, & de la pleine confiance qu'on a dans fa fageffe. — *Signé*, THOUMASEAU, Maire; LE JEUNE DE MONTNOEL, Préfident de la Commune; SPIRITALIER DE SEILLANS, Vice-Préfident; CRASSOUS DE MEDEUIL, Secrétaire-Greffier; MARTIN, Secrétaire de la Commune.

Collationné, CRASSOUS DE MEDEUIL.

Nº. VII.

EXTRAIT des Regiftres des Délibérations de la Commune de Saint-Pierre.

Du 4 Mars 1790.

L'an mil fept cent quatre-vingt-dix & le Jeudi quatre Mars, fix heures de re-levée, la Commune & la Municipalité de la Ville de Saint-Pierre fe font affemblés;

G 2

Un Membre a dit : Messieurs, vous avez été témoins de la juste indignation que le Peuple vient de montrer contre la publication faite ce matin de la Gazette ; il vous a manifesté son étonnement, de ce qu'au lieu d'imprimer dans cette Gazette les Pieces Justificatives de sa conduite honorable, de la fermeté avec laquelle il a défendu la cause la plus juste, & forcé les ennemis au silence ; on s'étoit borné à imprimer une lettre du Conseil, reçue ce matin, par laquelle ce Corps annonce qu'il a fait assembler le Régiment de la Martinique, l'a sollicité au rétablissement du calme & à la cessation de tous projets hostiles ; que sa démarche aidée par l'influence de M. le Général, & celles de tous les Officiers du Régiment, a réuni au-delà de ce qu'ils osoient espérer, & demande si après avoir tout obtenu du Régiment de la Martinique, il n'obtiendra rien des Citoyens pour consolider la réunion la plus désirable.

Il a protesté contre l'impression de cette lettre, avec d'autant plus de force, qu'il a eu connoissance du discours prononcé au Régiment, par M. le Procureur-Général ; qu'on pourroit induire que la démarche tardive du Conseil étoit une réparation faite au nom du Peuple ; tandis qu'il n'avoit & ne pouvoit avoir aucune mission à cet effet ; tandis que le Peuple seul est offensé, & auroit seul le droit d'exiger une réparation.

Que la publication de cette lettre isolée pourroit jetter une impression défavorable sur le Peuple, le compromettre vis-à-vis de ces généreux Concitoyens de la Pointe-à-Pitre, & ceux de cette Colonie qui voloient à son secours, & qui seroient étrangement surpris qu'une si belle cause, se fut terminée par une telle capitulation.

Il a eu le tems de supprimer les exemplaires de cette Gazette, & a demandé qu'il en fut aussi-tôt imprimé une autre, dans laquelle toutes les pieces essentielles de cette affaire seroient rendues publiques, exposeroient aux yeux de la Colonie & de la France, la conduite odieuse du Détachement, & la conduite ferme & honorable du Peuple.

Pourquoi ledit Membre a requis, qu'en attendant que toutes les Pieces depuis le 21 jusqu'à ce jour, puissent être imprimées dans un seul Corps ; il fut procédé de suite à l'impression des Pieces les plus essentielles : savoir, de la lettre modérée écrite à M. de Castella, Major du Régiment, le premier Mars.

De la Délibération prise le 21 sur la demande de M. le Vicomte de Pontevez-Gien.

De la lettre écrite par M. de Castella & des Réclamations révoltantes faites par le Régiment.

De la réponse franche & ferme de la Municipalité & de la Commune.

De l'adresse noble & vraiment Patriotique des Citoyens de la Pointe-à-Pitre.

De la Réponse que la reconnoissance nous a inspirée.

La matiere mife en délibération, il a été unanimement décidé que lefdites Pieces feroient imprimées de fuite, ainfi que le préfent Procès-verbal. — *Signé*, THOU-MASEAU, Maire; LE JEUNE DE MONTNOEL, Préfident de la Commune ; MARTIN, Secrétaire de la Commune.

N°. VIII.

EXTRAIT des Regiftres des Délibérations de la Commune de Saint-Pierre.

Du 7 Mars 1790.

L'AN mil fept cent quatre-vingt-dix, & le Dimanche fept Mars quatre heures de relevée.

La Commune & la Municipalité de la Ville de Saint-Pierre Martinique, fe font Affemblées en l'Hôtel-de-Ville, où étoient M. le Baron de Clugny, Gouverneur de la Guadeloupe, MM. les Députés de l'Affemblée Générale Coloniale de la Guadeloupe, & MM. les Commandans des Volontaires de la Pointe-à-Pitre, de la Baffe-Terre & des différentes Paroiffes de cette Colonie.

M. Rouffel, Capitaine des Grenadiers au Régiment de la Martinique, s'eft préfenté comme Député du Régiment, avec des Paquets adreffés à Meffieurs les Officiers Municipaux & Membres de la Commune, il a été reçu avec la diftinction qui lui étoit due perfonnellement.

Ouverture a été faire des Paquets ; ils contenoient une Adreffe du Régiment de la Martinique, en date du fix de ce mois, fignée par tous les Officiers qui étoient au Fort-Royal, par laquelle ils déclarent que, fi la tranquillité de Saint-Pierre eft troublée, cela ne peut venir que des récits infidelles, qu'il eft de l'honneur du Régiment de détruire, qu'il n'a jamais oublié l'objet de fa création ; que le ferment folemnel à la Nation, à la Loi & au Roi, n'a pas ceffé de lui être préfent , & qu'on ne peut croire qu'il cut voulu tourner fes armes contre des Citoyens, des Parens & des Amis ; que malgré fa fenfibilité, le Régiment n'a point perdu de vue, que défendre la Colonie, étoit fon devoir le plus facré & le plus cher à fon cœur.

M. le Baron de Clugny, étoit porteur d'une copie de la même Adreffe, avec une priere particuliere de joindre fes efforts à ceux de M. Rouffel, Député à cet effet , pour convaincre le Peuple de Saint-Pierre, que jamais le Régiment de la Martinique n'a eu le projet ne s'armer contre lui, & que cette idée afflige tout le Corps.

Un autre Paquet contenoit une Adreffe perfonnelle de M. Labatut, Officier au Régiment, portant l'expreffion des mêmê fentimens.

M. le Baron de Clugny & MM. les Députés de l'Affemblée Générale Coloniale de la Guadeloupe s'étant retirés, M. le Maire a engagé la Commune à prendre une délibération décifive fur cette démarche du Régiment de la Marti ique : fur quoi la Commune délibérant a confidéré.

Que les récits d'après lefquels la tranquillité a été troublée, font les lettres de M. le Général, qui depuis l'événement du 22, n'a ceffé de repréfenter avec la plus grande force, le reffentiment des Officiers, & la fureur immodérée des Soldats, demandant des cartouches, voulant garder des ôtages, & ne pouvant plus fe contenir ; qui a déclaré que fes efforts, pour les arrêter devénoient infructueux ; qu'il ne pouvoit plus répondre que de fa bonne volonté, & qui, le dixieme jour, a employé l'organe du Confeil, pour folliciter le Régiment à rentrer dans le calme ; que M. le Général ne peut être démenti par les Officiers qui, dans leurs réclamations, ont exigé que la Municipalité de Saint-Pierre lui rendît la juftice qui lui étoit due.

Que la lettre écrite le 23 aux Officiers & Soldats, leur avoit fourni l'occafion la plus favorable d'expliquer leurs fentimens ; mais qu'elle eft reftée fans réponfe, & que M. le Général a écrit qu'elle n'avoit fait qu'aigrir davantage, parce qu'elle portoit le caractere de la féduction.

Qu'une feconde lettre écrite le 8 de ce mois à M. de Caftella, Major, lui donnoit une nouvelle occafion de faire connoître que le Corps étoit vraiment pénétré de la puiffance de fon ferment ; que la démarche de M. de Pontevez-Gien, venu comme médiateur, au nom du Régiment, avoit également offert au Corps le moyen le plus avantageux de développer les vrais fentimens que devoient avoir des Militaires Citoyens,

Qu'au lieu de cela, le Régiment, fans attendre le retour de M. Pontevez-Gien, a fait des réclamations qui fembloient indiquer qu'on ne devoit attendre la paix qu'en lui donnant fatisfaction. M. de Caftella a écrit en termes précis, que les Soldats fentoient avec véhémence l'infulte qui leur avoit été faite ; que c'étoit un Corps outragé qui demandoit des réparations, & il n'a pas même exprimé la plus légere affection fur les torts inouis des Officiers & des Compagnies qui fe font armées contre les Citoyens.

Que la réponfe faite, au nom du Peuple, & dont M. de Caftella a accufé la réception, en lui rappellant fes omiffions, lui dictoit ce qu'il avoit à faire.

Qu'après quinze jours de trouble & d'agitation, lorfque les Habitans de la Colonie, fe font réunis à la caufe du Peuple, lorfque les Citoyens de toutes les Parties de la Guadeloupe ont traverfé les mers, pour nous porter leurs généreux fecours ; que le Gouverneur, & les Députés de l'Affemblée Générale Coloniale de la Guadeloupe, font venus pour concourir à rappeller la tranquillité ; le Régiment ne peut, avec honneur, regarder comme fuffifante la déclaration qu'il fait aujourd'hui, de n'avoir jamais oublié fes devoirs : qu'il eft même contradictoire de voir cette déclaration fignée par M. de Rancey, l'un des principaux coupables, & qui auroit dû partir avec M. Duboulet & Malherbes.

Que le Peuple, ayant porté le jugement au Tribunal de l'Assemblée Nationale ; doit attendre ce qu'elle prononcera , & ne demande point d'excufes qui feroient infuf-fifantes pour un crime de leze-Nation ; mais qu'il ne peut abandonner les difpofi-tions de défenfe dans lefquelles il s'eft renfermé , que par la certitude honorable qu'il n'y auroit jamais aucun projet d'attaque contre lui.

Qu'il ne peut avoir cette certitude que par les faits , & lorfque le Régiment , en répudiant tous les coupables qui ont préparé nos maux , prouvera qu'il veut conferver fon Corps à l'abri de toute tache , & tel qu'on aime à le voir dans ceux qui n'ont pas figné les réclamations.

Qu'alors le Peuple oubliera volontier que le Régiment a paru donner quelque approbation à fes deux Compagnies.

Qu'enfin , le Régiment n'ayant dans cette Colonie, de Garnifon qu'au Fort-Royal, fans même pouvoir être placé dans les Campagnes , pour lefqu'elles fa con-duite a été également offenfante ; alors les Citoyens fe rendront à leurs affaires , & les braves Confédés , qui font venus nous défendre , remporteront l'entiere conviction de s'être armés pour la caufe la plus jufte , & d'avoir contribué à la faire terminer de la maniere la plus glorieufe pour l'avantage de tous.

En conféquence , & d'après le vœu exprimé par tous les Commandans , tous les Volontaires , tant de cette Colonie, que de l'Ifle Guadeloupe, a décidé que par hon-neur & pour la gloire des Citoyens, il fera déclaré à M. Rouffel, comme Député ; que le Peuple de Saint-Pierre a foumis le jugement des coupables à l'Affemblée Nationale; que fi le Régiment veut prouver que fon ferment lui eft cher, il doit def-avouer , par écrit , les Compagnies qui l'ont violé , & les livrer lui-même au juge-ment des Auguftes Repréfentans de la Nation : qu'à ce titre le Peuple oubliera toute l'impreffion qui a pu réfulter des demandes faites par plufieurs Officiers , & les affociera aux fentimens que lui ont infpirés ceux qui n'ont point figné la récla-mation.

Que le Régiment n'aura d'autre garnifon , dans la Martinique, que le Fort-Royal.

Que copie de la préfente Délibération , dont lecture a été faite aux Députés du Peuple , fera remife à M. Rouffel , pareille copie à M. le Baron de Clugny , & à MM. les Députés de l'Affemblée Générale Coloniale de la Guadeloupe , avec invi-tation de foutenir la demande du Peuple , comme une fuite néceffaire des faits dont ils ont pris connoiffance , & comme une juftice due à une caufe qui eft celle de tous les Citoyens François.

Fait & arrêté à l'Hôtel-de-Ville , les jour & an que deffus. *Signé ,* THOUMA-SEAU , Maire; LE JEUNE DE MONTNOEL, Préfident de la Commune ; SPI-TALIER DE SEILLANT , Vice-Préfident ; MARTIN , Secrétaire de la Com-mune ; CRASSOUS DE MEDEUIL , Secrétaire-Greffier.

Collationné , CRASSOUS DE MEDEUIL.

N°. I X.

DÉLIBÉRATION de la Commune de Saint-Pierre.

Du 12 Mars 1790.

§ I. L'an 1790 & le Vendredi 12 Mars, fix heurs de relevé, la Commune & la Municipalité de la Ville de Saint Pierre Ifles Martinique, fe font affemblées à l'Hôtel-de-Ville, où fe font réunis M. Feydel, Commandant des Volontaires de la Pointe-à-Pitre; MM. Piron, Veyé, Saint-Gaffie, Députés de la Pointe-à-Pitre; MM. Coquille du Gommier & Fleury de Ramfay, Commandants des Volontaires de la Baffe-Terre, M. Boiffon Montplaifir Commandant des Volontaires du Moule; M. Viller de Sainte-Anne, M. de Kikins, Commandant des Volontaires du Port Louis & Petit-Canal; M. Parigot Commandant des Volontaires de la Souffriere Sainte-Lucie; M. Quentin, Députés du Comité de Marie Galente; M. Hair Commandant des Volontaires de la Grande-Ance; M. Levacfer Duboulay, Commandant des Volontaires du Macouba; M. la Grange, Commandant des Volontaires de Sainte-Marie; M Graffigny, Commandant des Volontaires de la Baffe-Pointe; M. Lundais des Taupinieres, Commandant des Volontaires du Gros-Morne; M. Imbert, Commandant des Volontaires de la Trinité; M. Serrant, Commandant des Volontaires du Robert; M. Mazieres, Commandant des Volontaires des Ances-d'Arlets; M. Jufquart, Commandant des Volontaires du Diamant; M. Houtin, Commandant des Volontaires du Lamentin.

M. le Baron de Clugny & MM. les Députés de l'Affemblée Coloniale de la Guadeloupe, font entrés, accompagnés de M. Rouffel, & M. de la Cardonniere, Officiers du Régiment de la Martinique. M. le Baron de Clugny a déclaré que les Officiers du Régiment de la Martinique n'avoient point héfité à fatisfaire aux demandes du Peuple; que ce n'étoit point la paix qu'il annonçoit, mais la certitude que la plus parfaite tranquillité devoit régner parmi les Citoyens; & qu'il n'y avoit perfonne qui eut intention de la troubler.

M. Rouffel a remis enfuite un Paquet adreffé à MM. les Officiers Municipaux & Membres de la Commune, contenant la Délibération du Régiment de la Martinique; qui eft une adhéfion complette à toutes les demandes que le Peuple avoit faites par fa Délibération du 7 de ce mois; la lecture de cette Délibération qui a été communiquée au Peuple, a été fuivi des témoignages de la fatisfaction la plus unanime; la fermeté de la défenfe du Peuple, l'affociation vraiment héroique des Citoyens des Ifles Guadeloupe & de Grande-Terre, la réuion de tous les Patriotes dans la caufe de la Nation étant couronnées par l'acte de juftice que venoit de faire le Régiment; il a été arrêté qu'il feroit fait une Adreffe de félicitation & de remerciment à tous les François & notamment à nos freres de l'Ifle Guadeloupe, qui, par leur zele, par leur éner-

gie,

gie, par leur dévouement patriotique ont procuré cette juftice que M. le Baron de Clugny & MM. les Députés de l'Affemblée Générale Coloniale de la Guadeloupe feroient remerciés de s'être rendus les interprêtes des fentimens du Peuple, & qu'il feroit inceffamment travaillé à former la confédération de toutes les Ifles du Vent, qui, fondée fur un exemple auffi frappant, ne peut manquer de devenir la force, la fûreté & la gloire des Colonies.

Fait & arrêté le jour & un que deffus. *Signé*, THOUMASEAU, Maire ; le JEUNE DE MONTNOEL, Préfident de la Commune; SPITALIER DE SEILLANT, Vice-Préfident ; MARTIN, Sécretaire de la Commune ; CRASSOUS DE MEDEUIL, Secretaire, Greffier.

Collationné, CRASSOUS DE MEDEUIL.

N°. X.

PROCÈS - VERBAL *de la Commune & de la Municipalité de Saint-Pierre.*

L'an mil fept cent quatre-vingt-dix, & le Samedi treize Mars, la Commune & la Municipalité de Saint-Pierre, étant affemblées en l'Hôtel-de-Ville, MM. Feydel, Coquille du Gommier, Boiffon & Villette, Commandans des Citoyens Volontaires de la Pointe-à-Pitre, de la Baffe-Terre, du Moule & de Sainte-Anne-Guadeloupe, ont annoncé leur retour dans le fein de leurs familles. Ils ont faifi cette occafion de développer, avec énergie, les fentimens du Patriotifme le plus pur, d'exprimer leurs vœux pour que le repos du Citoyen ne fut pas troublé ; leurs réfolutions de les foutenir conftamment, & d'oppofer la force à l'oppreffion. Les Officiers Municipaux & les Membres de la Commune fe font efforcés à l'envie de témoigner à ces généreux amis, la reconnoiffance du Peuple, & la réciprocité de fes fentimens, les difpofitions pour leur départ, ont été faites avec tout le foin que la précipitation a permis d'y donner.

M. le Maire s'étoit affuré des Bâtimens du Roi, que M. de Pontevez - Gien avoit accordés avec le plus grand zele ; favoir du Bricq *le Lutin*, & des Goëlettes *la Gentille* & *la Laure*. On a completté & approvifionné le nombre de Bâtimens néceffaires pour le tranfport.

A deux heures après-midi, toute la Milice Citoyenne s'eft mife fous les armes ; elle étoit renforcée des Volontaires de la Souffriere-Sainte-Lucie, du Port-Louis, du Petit-Canal & de la Trinité-Martinique, qui féjournoient encore dans cette Ville. Le Drapeau National flottoit à la tête de chaque Compagnie. Ce Cortége nombreux ayant à fa tête la Municipalité & la Commune, au fon d'une Mufique militaire, a efcorté, depuis l'Hôtel-de-Ville jufqu'à la place du Mouillage, les Compagnies

H

de la Pointe-à-Pitre, de la Basse-Terre, du Moule & de Saint-Anne, qui étoient aussi sous les armes & le Drapeau déployé.

Là, dans l'effusion des sentimens, la Municipalité a dit : « le zele avec lequel vous avez abandonné tout pour nous secourir, la fermeté qui a signalé votre séjour au milieu de nous ; vos sentimens Patriotiques, votre amitié, l'exemple sublime que vous avez donné dans ces Isles ; tout ce que vous avez fait, tout ce que vous nous avez inspiré, ne laisse en nos ames que des sentimens délicieux ! Vous avez assuré le triomphe des Citoyens ; vous avez avancé la régénération qui marchoit à pas lents dans nos Colonies ; vous avez préparé les jours de bonheur que nous devons attendre de la réunion des esprits, de la confédération qui ne doit former dans tout notre Archipel, qu'une famille de freres : quel tribut de reconnoissance peut être proportionné à ce bienfait ? Remportez dans vos familles le souvenir des amis que vous laissez à Saint-Pierre. Dites-leur que nos bras seront armés en toute occasion, pour leur rendre ce que nous avons reçus de vous. Pardonnez à ces momens de troubles, si malgré tous nos soins, il étoit échappé quelque faute vis-à-vis quelques-uns de nos freres ; & soyez certain qu'un seul but, un seul objet nous anime ; la gloire & la prospérité du nom François ».

Les Paquets de la Municipalité pour le Comité & tous les Citoyens des différens quartiers de l'Isle Guadeloupe, ont été remis à chaque Commandant ; & M. Coquille du Gommier, s'élevant avec cette vigueur Patriotique qui anime toutes ses actions : » C'est un contrat de mariage, a-t-il dit, *que je tiens à la main ; c'est le gage d'une union sacrée entre les Colonies* ». Les embrassemens de l'amitié, l'enthousiasme de tous les cœurs, ont mis le sceau à ce pacte de famille. Les quatre Compagnies se sont embarquées aux salves multipliées de la mousqueterie, les batteries les ont saluées de 21 coups de canon.

La Commune & la Municipalité étant rentrées en l'Hôtel-ne-Ville, le présent procès-verbal a été dressé.

Fait & arrêté le jour & an que dessus. *Signé*, MARTIN, Secrétaire de la Commune.

Collationné, CRASSOUS DE MEDEUIL.

PIECES JUSTIFICATIVES.

§. I I.

EXTRAIT *des Délibérations de la Commune de Saint-Pierre.*

N°. I.

LETTRE *de M. le Maire à M. le Comte de Viomenil, Gouverneur-Général de l'Isle Martinique.*

A l'Hôtel-de-Ville de Saint-Pierre, le 22 Février 1790.

MONSIEUR LE GÉRÉRAL,

JE vous apprends avec amertume ce qui vient de se passer ; M. Duboulet & M. de Malherbes sont victimes de leur conduite envers le Peuple ; hier au soir, à la Comédie, M. Duboulet, qui ne portoit plus la cocarde, a refusé de la recevoir des mains du Peuple, & n'a obéi à M. le Commandant qu'après avoir provoqué le Peuple ; M. de Malherbes & M. de Rancey ont également tenu des propos vraiment féditieux ; ce matin M. de Malherbes a donné un cartel ; il a dit qu'ils étoient quatorze Officiers, & que s'il se trouvoit quatorze personnes capables de venir, ils leur tiendroient tête ; quatorze jeunes gens se sont en effet armés, & sont partis pour aller joindre les Officiers ; la Municipalité & la Commune s'y sont portées pour empêcher les voies de fait ; mais on a vu avec indignation la Troupe battre la générale, & se mettre sous les armes. Je me suis porté au Quartier avec M. l'Intendant & M. de Laumoy ; nous avons arrêté les mouvemens de la Troupe, qui des fenêtres a couché en joue ; mais le Peuple s'est armé ; il a demandé avec violence M. Duboulet & M. de Malherbes ; M. de Laumoy les a fait venir à l'Hôtel-de-Ville, & ils n'en sont sortis que pour être conduits à la Géole, après avoir été dépouillés de leurs habits. On est décidé à

H 2

les faire embarquer fur un Navire qui part demain ; & je regarde comme in-concevable qu'ils ayent été épargnés, tant leur conduite avoit caufé de fermenta-tion ; M. de Laumoy a donné ordre à la Troupe de partir ; & le Peuple n'eft tranquille, dans cet inftant , que pour fe tenir fous les armes , & garder la Ville.

Vous voyez , Monfieur le Général , un exemple du danger qu'il y a de braver le Peuple que le fentiment de la liberté anime ; jugez par-là de la néceffité de mettre le Peuple en milice ; la journée d'aujourd'hui a été des plus violentes ; mais les Troupes étant parties, j'efpere que tout fe terminera ; fur-tout je ne crois pas qu'il doive être fait le moindre mouvement du côté du Fort-Royal ; le fang a encore été épargné ; on ne pourroit plus répondre qu'il le fût. Je ne puis donner trop d'éloges à la conduite ferme & brave de M. de Foulon ; le Peuple lui a certainement les plus grandes obligations.

Je fuis , &c. *Signé* THOUMASEAU , Maire.

Collationné , CRASSOUS DE MEDEUIL , Secrétaire-Greffier.

N°. I I.

RÉPONSE de M. de Viomenil à M. Thoumafeau, Maire de la Ville de Saint-Pierre.

Au Fort-Royal, ce 23 Février 1790.

A la réception, Monfieur, de la Lettre que vous m'avez fait l'honneur de m'écrire hier, j'ai affemblé, fur le champ, un Confeil de guerre, auquel j'ai expofé les évènemens qui viennent de fe paffer à Saint-Pierre, & dont vous me faites part. La conduite de M. Duboulet & M. de Malherbes a été fortement défaprouvée par ce Confeil, & même par les Officiers du Régiment de la Mar-tinique, qui en faifoient partie ; & il a été unaniment décidé que MM. Du-boulet & Malherbes devoient être jugés par un Confeil de guerre, avec toute la févérité que mérite la conduite qu'ils fe font permis de tenir. C'eft en confé-quence, Monfieur, de ce réfultat, dont vous voudrez bien faire part au Peuple de Saint-Pierre, que je vous prie inftamment, ainfi que MM. les Officiers-Mu-nicipaux, d'employer les plus vives démarches pour que MM. Duboulet & de Malherbes foient rendus & envoyés fur le champ au Fort-Royal, en affurant le Peuple, de ma part, ainfi que de celle du Corps de MM. les Officiers du Régiment de la Martinique , qui fignent cette Lettre avec moi, que ces deux

Officiers feront jugés & punis avec la févérité que mérite tout ce que leur conduite a de condamnable. Je ne doute pas, Monfieur, de tout le zele & l'empreffement que vous mettrez, ainfi que MM. vos Collegues, à démontrer au Peuple de Saint-Pierre, que cette voie, en lui procurant toute la fatisfaction qu'il a droit d'attendre, ne foit en même tems la feule qui puiffe parer aux malheurs qui pourroient devenir la fuite de cette affaire, & faire abandonner aux Compagnies du Régiment de la Martinique, qui, fuivant les avis que je reçois, n'ont pas encore quitté les environs de Saint-Pierre, *le parti auquel elles paroiffent inclinées d'y retourner dans l'obligation où elles fe croyent de défendre ces Officiers*, & éviter enfin de plus grands maux auxquels il ne feroit pas peut-être en mon pouvoir de remédier d'une autre maniere. Si MM. Duboulet & Malherbes fe trouvoient déjà embarqués, lorfque vous recevrez cette Lettre, cette circonftance ne doit pas empêcher l'effet de ma demande, vous trouverez fûrement, Monfieur, le moyen d'envoyer vers eux, & de les faire revenir avec fûreté.

Les huit hommes d'artillerie qui fe trouvent congédiés & qui font à Saint Pierre fans être embarqués, font des gens dont la mauvaife conduite, fans aucun efpoir de correction, n'a pas permis de les laiffer plus long-temps à leur corps. Vous fentez, Monfieur, combien dans ces circónftances il feroit dangereux que de pareils fujets fuffent abandonnés à leur volonté pernicieufe, c'eft pourquoi je vous prie de vouloir bien réunir vos foins à ceux de MM. les Officiers Municipaux, pour concourir à les faire embarquer le plutôt poffible & éviter tous les obftacle qui pourroient s'y oppofer, ainfi qu'à leur prompt départ & à celui de leurs camarades ; vous priant, Monfieur, de donner des ordres & des moyens pour que ces Soldats d'artillerie, de même que ceux qui ont été congédiés du Régiment de la Martinique, foient conduits, fur le champ, à bord de M. de Vaugiraud, pour les faire embarquer fur le Bâtiment deftiné à les conduire en France. J'ai l'honneur d'être, &c. *Signé*, le Comte de Viomenil ; le Vicomte de Pontevez-Gien, Comte de Damoifeau ; Caftella, Laumoy, Iger, le Vacher, de Roland, Baron de Coatles ; Carman, Gaillard de Laubenque ; la Baume, Baron de Malve ; Felix, le Roux, Denis de la Ronde, de Labattus, de Létang, Lambert, Vignier, Delloy, le Comte de Morel, Druault, Desboûrbes, Haglaine, le Comte de Perrin, Rubol de le Brun, Guillemin, Perraud, Picard, Bedoir, Senneville.

P. S. Il y a dans ce moment, Monfieur, une très-grande fermentation dans les Soldats du Régiment de la Martinique ; je viens de les faire configner au Fort ; ils demandent une prompte réponfe ; vous voyez que MM. les Officiers ont montré toute la loyauté & la juftice qui les caractérifent ; j'efpere que vous déterminerez le Peuple de Saint-Pierre à fe conduire d'après les mêmes principes ; évitez donc les plus grands malheurs qu'il ne feroit pas en mon pouvoir d'empêcher.

Signé, le Comte de VIOMENIL.

Collationné, CRASSOUS DE MEDEUIL.

N°. I I I.

LETTRE de M. le Maire de Saint-Pierre à M. le Comte de Viomenil.

Du 23 Février 1790.

MONSIEUR LE GÉNÉRAL,

La Commune s'eſt aſſemblée ; les Electeurs des Diſtricts étoient à l'Aſſemblée ; tout le Peuple y étoit ; votre Lettre a été lue ; chacun a été bien convaincu que le Corps du Régiment de la Martinique eſt vraiment indigné de la conduite de MM. Duboulet & Malherbes, & qu'il lui feroit rendu juſtice par le Conſeil de guerre ; mais il ne croit pas que ce ſoit à ce Tribunal que ſa cauſe doive être portée, & il ne connoît que celui de l'Aſſemblée Nationale, pour une affaire où la Nation entiere eſt compromiſe dans le Peuple ; ces Meſſieurs ſont en conſéquence embarqués ; c'eſt à vous, Monſieur le Général, à convaincre le Corps des Militaires, qu'il ne peut ſéparer ſes intérêts de ceux du Peuple ; ils ſont tous Citoyens ; les Soldats ſont Citoyens auſſi, & tous ſont liés par le ferment ſolemnel de ne pas employer leurs armes contre les Citoyens ; ſi l'action de ces deux Membres a produit dans les eſprits l'effet qu'elle a dû y produire, ils les laiſſeront au jugement de la Nation ; toutes les précautions ont d'ailleurs été priſes pour aſſurer les papiers de ces Meſſieurs. Les ſcellés ont auſſi été mis chez M. de Laumoy qui eſt parti ſans précaution ; nous avons cru indiſpenſable pour lui de pourvoir à ce ſoin.

Je ſuis, &c. *Signé* THOUMASEAU, Maire,

Collationné, CRASSOUS DE MEDEUIL.

N°. I V.

LETTRE de M. de Viomenil à M. le Maire.

Au Fort-Royal-Martinique, ce 23 Février 1790.

J'apprends dans l'inſtant, Monſieur, que pluſieurs Soldats des trois Compa-gnies qui étoient en garniſon à Saint-Pierre, y ſont revenus le matin, & ont abandonné leurs Drapeaux ; vous m'avez déjà tranquillisé sur l'inquiétude que je vous ai marquée à l'égard de ces transfuges ; & je suis d'avance bien persuadé que vous voudrez bien prendre les mesures nécessaires pour les renvoyer au Fort-Royal.

J'espère aussi , Monsieur, que vous aurez la même obligeance pour faire embarquer sur le Bâtiment Américain, freté pour France par M. l'Intendant, tous les hommes dont les congés sont expirés , & qui ont eu leur cartouche, ainsi que ceux d'artillerie qui sont depuis quelques jours à Saint-Pierre.

Deux Habitans de cette Ville sont venus ce matin au Fort-Royal ; *j'aurois pu les garder pour otages* ; mais je n'aurai jamais de tels procédés ; & je me flatte que la confiance que j'ai marquée dans cette circonstance au Peuple de Saint-Pierre, l'engagera à avoir la même déférence pour moi , sur-tout dans la disposition où je suis de lui rendre toute justice ; je vous répéterai, Monsieur, que je trouve de très-grands torts à MM. Duboulet & Malherbes ; mais vous conviendrez que c'est une offense bien grande pour tout ce qui porte leur uniforme , d'avoir déchiré leurs paremens. Quoi qu'il en soit arrivé, tâchons d'obtenir la paix ; je ferai ce que je dois sur cela , en faisant punir les coupables comme ils le méritent.

M. de Traverfai demande & envoye à Saint-Pierre , pour y chercher quelques effets qu'il a laissés , voulez vous bien me mander si vous n'y trouvez pas d'inconvéniens ?

Il y a aussi six fusils d'enlevés à une Garde du Régiment de la Martinique ; je vous prie , Monsieur, de vouloir bien les faire demander & ordonner qu'ils soient remis chez M. Molerat ou chez M. l'Intendant.

Les Soldats sont toujours très-irrités ; de grace , Monsieur, tâchons de rétablir le calme.

J'ai l'honneur d'être , &c. *Signé* , le Comte de VIOMENIL.

Collationné , CRASSOUS DE MEDEUIL.

Nº. V.

LETTRE de M. le Maire à M. le Comte de Viomenil.

Hôtel-de-Ville de Saint-Pierre , ce 24 Février 1790.

MONSIEUR LE GÉNÉRAL ,

J'ai donné les ordres nécessaires pour faire rejoindre les Soldats qui étoient restés ici ; & vous en serez convaincu par l'imprimé ci-joint. La plupart sont partis hier ; tous n'ont pu partir, parce qu'il n'est pas facile , dans des momens comme ceux où nous nous fommes trouvés , de faire exécuter tous les ordres , mais ils partiront certainemen aujourd'hui ; & je veillerai également pour que ceux qui doivent s'embarquer, fuivent leur deftination. Quant aux fufils , je vais les faire raffembler.

Toute la Ville eft très-pénétrée des difpofitions que vous témoignez pour faire juftice des fieurs Duboulet & Malherbes ; elle n'attendoit pas moins de vos fentimens ; mais feroit-il poffible que vous donnaffiez une fauffe interprétation à ce qui regarde l'uniforme ? Non. Pouvez-vous croire que ce foit lui qu'on ait voulu infulter ? Non , vous êtes trop judicieux pour l'imaginer ; on n'a point touché, comme vous le dites , aux paremens, puifque ces Meffieurs n'étoient qu'en redingotes ; mais quand on l'auroit fait , ce mouvement populaire ne peut être regardé que comme l'effet de la trop jufte indignation qu'a infpirée la conduite de ces Officiers.

Qui mieux que vous doit infpirer cette opinion aux Soldats? Quel Militaire eft plus à même de fixer leurs idées fur le véritable honneur ? Ce n'eft pas à vous qu'il faut dire que l'honneur confifte bien moins à défendre fa Patrie dans les combats , qu'à être Citoyen, qu'à protéger les Citoyens , & dans ce moment à punir les entreprifes téméraires des deux Officiers qui ont oublié ce qu'ils devoient à la Nation & au Roi.

Je vous avoue que j'ai été furpris de lire dans votre Lettre, que vous auriez pu garder deux Citoyens pour otages ; je ne crois pas que vous en ayiez eu l'idée ; vous ne pouviez l'avoir qu'en nous regardant comme ennemis , & nous ne le fommes pas, puifque vous commandez au nom du Roi des Français , & que nous fommes Français.

Les craintes que vous nous avez données , Monfieur le Général , nous ont forcés à nous mettre en état de défenfes , quoique nous ne puiffions pas nous imaginer qu'on voulût fe porter à aucun excès contre nous. M. de Molérat a dû vous rendre compte de ce qu'il a vu , de nos difpofitions , de nos fentimens ; & nous efpérons que votre fageffe concourra avec nous , pour nous remettre dans l'état de paix dont une affreufe inconféquence nous a tirés.

M. de Traverfai peut , avec toute fûreté , faire prendre fes effets ; & , en tout cas , il peut adreffer à la Municipalité les perfonnes qu'il enverra.

Je fuis , &c. *Signé* , THOUMASEAU , Maire.

P. S. Comme je finis ma Lettre , le Sergent, le Tailleur de la Compagie de Kergus , eft venu me trouver ; il a de la peine à décider les Soldats à partir ; ceux-ci craignent d'être punis ; je ne crois pas , Monfieur le Général , qu'ils foient dans le cas de la punition, puifque les uns étoient de garde , & n'ont été relevés qu'après le départ des Compagnies, & les autres étoient des Ouvriers qui n'ont pu joindre à l'inftant ; ils ont réclamé la protection du Peuple qui defire qu'on leur donne une fûreté ; je vous prie de me donner pour eux la certitude de toute amniftie ; & les Soldats , que je contiendrai en attendant, partiront auffi-tôt.

Collationné , CRASSOUS DE MEDEUIL.

N°. VI

N°. V I.

LETTRE de M. de Viomenil à M. le Maire de Saint-Pierre.

Au Fort-Royal, ce 24 Février 1790.

Je ne puis plus , Monfieur, vous répondre que de ma bonne volonté & de mon zèle pour empêcher les fuites d'une fermentation qui m'inquiete vivement. MM. les Officiers du Régiment de la Martinique , font mécontens que l'on fe foit refufé à la demande qu'ils ont faites de juger leurs camarades ; ils font irrités qu'on leur ait ôté & déchiré l'uniforme qu'ils portent eux-mêmes. *Les Bas-Officiers & Soldats en font indignés , au point que rien ne peut contenir leur fureur ; ils ont demandé des cartouches à balle ; & on n'eft parvenu à les calmer qu'en leur montrant celles qui font dans les Magafins de l'Artillerie , à portée d'eux.*

J'avois prévu ce qui arrive, en vous mandant hier , Monfieur, que fi le Peuple de Saint-Pierre ne fe décidoit pas à renvoyer vîte MM. Duboulet & de Malherbes , il me feroit impoffible de répondre des évènemens , d'après le foulevement que j'ai vu dans les Troupes. Pourquoi donc fe plaît-on à employer toujours des moyens violens ? La Lettre de MM. de la Municipalité à MM. les Officiers & aux Soldats , n'a produit d'autre effet que de les aigrir davantage , parce qu'elle porte le caractere de la féduction.

Le Peuple de Saint-Pierre a-t-il feul le droit de fe faire juftice lui-même , à l'inftar de l'Affemblée Nationale ? Si l'Affemblée Générale de la Colonie avoit décrété que ces deux Officiers devoient être renvoyés en France , cette forme eût fans doute été plus légale ; mais je fuis bien perfuadé qu'elle eût remis cette affaire au jugement d'un Confeil de Guerre , comme je l'ai propofé.

Je ferai tout ce qui fera en mon pouvoir , pour calmer l'agitation immodérée des Soldats ; *mais j'ai tout lieu de craindre que mes efforts , déjà épuifés , ne foient infructueux.*

Evitez , fur-tout , qu'aucun Habitant de Saint-Pierre ne vienne ici ; on les garderoit comme otages ; & dans ces momens de troubles , on ne peut être garant de la difcipline des Troupes.

Les Soldats demandent abfolument tous leurs camarades reftés à Saint-Pierre, ainfi que les armes qu'on leur a prifes.

Les Canoniers veulent auffi qu'on leur rende tous les Soldats du Corps-Royal de l'Artillerie, qui font encore à Saint-Pierre ; les demandes font faites avec tant d'animofité , que je crois très-prudent de n'y oppofer aucun obftacle ; je leur communiquerai votre réponfe , lorfque je l'aurai reçue ; & ils défirent qu'elle foit prompte.

I

Comme je dois rendre compte au Roi de ma conduite , & principalement fur les objets qui intéreſſent autant mon honneur que ma réputation , je vous prie , Monſieur , de vouloir bien me mander ſi le Peuple de Saint-Pierre doit être déformais chargé de la défenſe de la Partie de la Colonie qui eſt à portée de cette Ville , afin de me mettre en état d'en informer Sa Majeſté. Le Peuple de Saint-Pierre ayant déjà forcé les Magaſins à poudres , & s'étant emparé de pluſieurs Batteries , avec toute l'apparence de vouloir commettre des hoſtilités , je déſirerois être inſtruit de ſes projets à cet égard.

Le Régiment de la Martinique demande qu'on lui rende , en même tems que les fuſils qu'on lui a pris , les pieces de campagne qui lui appartiennent , & que le Roi lui a confiées pour la défenſe de la Colonie ; je vous prie , Monſieur , de vouloir bien me faire auſſi la réponſe la plus prompte ſur ces différentes réclamations , afin de me procurer les moyens d'arrêter l'efferveſcence alarmante dont nous ſommes menacés.

J'ai l'honneur d'être , &c. *Signé* , le Comte de VIOMENIL.

Collationné , CRASSOUS DU MEDEUIL.

Nᵒ. VII.

LETTRE de M. le Maire à M. de Viomenil.

Saint-Pierre , le 23 Février 1799.

MONSIEUR LE GÉNÉRAL,

M. de Molerat m'a remis la Lettre dont vous l'aviez chargé ; chaque mot qu'elle contient eſt un nouveau ſujet d'étonnement pour moi , oui nous ſommes ſous les armes ; nous nous ſommes emparés des magaſins à poudres & des bâtteries ; nous, nous ſommes mis en défenſe ; & pouvions nous faire autrement, lorſque vos Lettres & vos diſcours ne contiennent que des menaces, que de l'épouvante ; lorſque vous nous faites entendre que le commerce, nos propriétés, nos femmes, nos familles, notre exiſtence, ſont expoſées à la fureur des Soldats ; *lorſque vous nous dites que vous leur avez vous-même montré les cartouches deſtinées à porter le ravage parmi nous !* y avez vous réfléchi, M. le Général, à ces Lettres ; contiennent-elles un mot favorable au Citoyen ; le détachement qui étoit ici a violé ſon ſerment, à l'inſtigation de ſes Officiers, & vous ne rappelez pas ceux du Fort-Royal à ce ſerment que vous avez reçu d'eux & que vous avez fait vous-même ! nous leur écrivons pour atteſter qu'en s'armant contre deux coupables, en déchirant leur furtout, le Peuple n'a point eu intention d'infulter le Corps ; & c'eft vous qui rappelez l'action du Peuple comme une infulte ! c'eft vous qui vous permettez de nous écrire, que notre Lettre porte le caractere de la féduction ! qu'elle féduction que celle qui tend à appaifer ces fureurs dont vous nous faites un tableau effrayant ! & vous ne leur lifez pas notre Lettre ! c'eft donc vous qui voulez qu'ils viennent nous égorger ! toutes les difpofitions font faites pour les recevoir ; les Diftricts ont nommé des Chefs auffi déterminés qu'eux ; chacun vendra cher jufqu'à la derniere goutte de fon fang, plutôt que de fe voir en proie au pillage & au meutre.

Commandant d'une Colonie, vous prétendez que vous ne pouvez répondre des événemens ; vous nous faites frémir ; mais que ferez vous ? ne vous mettrez vous pas à la tête de vos Troupes, pour nous défendre, pour les arrêter ? & fi dans la fureur que vous leur prêtés, elles ne vous écoutent pas, ne ferez vous pas le premier qui doit en être la victime ? C'eft pour nous que le Roi vous a envoyé ; protégez-nous donc.

Je réponds maintenant à chaque article de votre Lettre, & aux demandes que vous mettez dans la bouche des Soldats ; mais il femble, en vérité, que vous cherchiez à fournir des alimens à ce que vous appellez leur agitation immodérée.

Les Soldats demandent leurs camarades ; il en refte bien peu ici ; fur huit ou dix, il en eft au moins la moitié qui font deftinés à partir pour France, les autres ne tarderont certainement pas à rejoindre ; je vous ai demandé, pour eux, la certitude d'une amniftie ; mais ils fe rendront à la voix de leurs camarades ; vous pouvez attefter à ceux-ci qu'ils ne font point retenus, ni prifonniers, ni armés ; ils font libres, & j'ai l'honneur de vous rappeler perfonnellement, que je ne peux pas avoir l'intention de les retenir ; puifque c'eft moi qui ai requis de M. de Laumoy, la fortie des Troupes de la Ville, lorfque leurs armes hommicides fe font tournées contre les Citoyens.

Ils demandent les fufils qui font reftés, & la remife en fera jufte : le Peuple, dans le befoin de s'armer, s'en eft emparé ; je les ferai raffembler dans chaque Diftrict, & ils feront renvoyés : quoique vous difiez, je ne puis croire qu'ils foient deftinés à porter le ravage dans notre fein.

Quant aux canons de campagne, vous nous affurez vous-même qu'il font deftinés à la garde de la Colonie ; d'après ce qui s'eft paffé, d'après vos Lettres menaçantes, ils ne doivent donc pas fortir d'ici, où la défenfe eft fi néceffaire ; mais ils feront rendus au Régiment quand vous nous aurez convaincu que leur deftination ne doit pas être changée.

Des Canoniers, dites-vous, veulent leurs camarades qui font reftés ici ; voulez-vous nous faire entendre que les Canoniers auffi veulent nous faire la guerre, pour foutenir l'infâme caufe de M. Duboulet ? Je ne vois pas comment ils font mêlés dans ceci ; mais je vous engage à les affurer que leurs camarades n'ont point été retenus, & qu'ils n'ont pris aucune part à nos difpofitions ; il peuvent les réclamer à eux-mêmes , certainement il ne fera apporté aucun obftacle à leur jonction.

Enfin Monfieur le Général, vous me demandez fi le Peuple de Saint Pierre doit être déformais chargé de la défenfe de la partie de la Colonie qui eft à portée de cette Ville ; votre queftion me feroit oublier à qui je réponds , fi je pouvois oublier aufli que j'ai été placé à la tête du Peuple , & que c'eft en cette qualité que je vous écris. Le Peuple , Monfieur le Général , ne s'eft chargé de rien que de fe défendre contre des ennemis dont on ne ceffe de lui parler ; il a bien fallu qu'il le fît , puifque vous n'avez pas pris ce foin ; & n'a-t-il pas aufli fes ennemis naturels à craindre ? mais votre commandement n'a pas ceffé , & le compte que vous avez à rendre au Roi doit vous rappeller toutes vos obligations.

Il n'y a qu'un mot pour terminer tout ; fi vous voulez nous rendre la paix, fi vous voulez que ce compte , dont vous parlez , ne s'éleve pas à jamais contre vous , parlez aux Troupes avec franchife ; montrez-leur notre Lettre ; prouvez-leur que nous ne fommes point leurs ennemis ; rappellez - leur , & n'oubliez pas vous-même que nos bourfes , ouvertes à M. l'Intendant, ont procuré les moyens de leur rendre la juftice qu'elles ont réclamée , & à vous la fûreté ; expofez leurs nos vrais fentimens ; aidez cette heureufe féduction qui tendoit à faire ceffer dans leurs ames toute idée d'hoftilité ; & le Citoyen, qui vous redoute dans ces momens, parce que vous n'avez rien fait qui ne tende à l'épouvanter , finira pour vous bénir. Je fuis avec refpect, &c ,

Signé , THOUMASEAU , Maire.

Nº. VIII.

LETTRE de la Municipalité de Saint-Pierre à M. le Comte de Viomenil.

Du 23 Février 1790.

MONSIEUR LE GÉNÉRAL,

Les Officiers de la Municipalité de Saint Pierre ont l'honneur de vous repréfenter la fituation dans laquelle fe trouve aujourd'hui le Peuple dont la fûreté lui eft confiée. Ce Peuple après avoir pris toutes les précautions que fa fageffe lui a dictée dans les premiers momens du départ des Troupes, Lundi dernier étoit parfaitement tranquile. Les magafins s'étoient rouverts , les affaires reprenoient leurs cours, lorfque toutes les Lettres menaçantes que vous nous écrivez , les propos durs, & violens que vous vous permettez vis-à-vis de tous les Citoyens de ce Bourg que leurs affaires particulieres appellent au Fort-Royal , & que vous les chargez de répandre , ont enflammé leur imagination , & leur ont fait craindre des malheurs qui fûrement n'exifteront jamais. Votre cœur défavoue certainement , M. le Général , toutes les menaces que vous vous permettez de renouveller fans ceffe ; nous favons que vous ne vous porterez jamais à aucunes des extrémités que vous nous faites entrevoir depuis quelques jours ; nous favons auffi que dépofitaire de l'autorité du Roi , vous n'expoferez pas la Ville de Saint-Pierre à une ruine & à une dévaftation totale , nous n'avons aucune crainte de la part des Soldats , actuellement au Fort-Royal , auxquels les fentimens d'honneur , & le ferment facré qu'ils ont prononcé interdifent toute efpece de violence , vis-à-vis des Citoyens , & qui ne fuivront jamais l'exemple de ceux qui nous ont mis les armes à la main ; mais comment raffurer nos familles ; nos femmes , nos enfants , que des menaces auffi révoltantes ont forcés de s'enfuir dans les campagnes ; la Ville Saint-Pierre reffemble aujourd'hui à une Ville qui n'attend que le moment de l'affaut ; toutes les maifons font défertes ; les effets font tranfportés dans les réduits ; le cours de la juftice eft interrompu , les magafins du commerce de France fonr fermés , toutes les affaires font généralement fufpendues , & vous en êtes M. le Général , la feule & unique caufe. Loin de protéger nos perfonnes & nos propriétés , il femble que vous vous plaifiez à voir dans cette malheureufe Colonie le trouble & la défunion ; nous vous répétons que nous ne redoutons rien , & que votre prudence nous raffure fur-tout ce qui peut arriver. Mais vous vous laiffez emporter malgré vous au-delà des bornes , & vous ne vous permettez de fuivre aucun des confeils que les gens fages qui vous entourent ne ceffent de vous donner ; en conféquence nous vous requérons , au nom du Peuple qui vous a mis à fa tête , au nom des Capitaines des Navires de France qui font actuellement en rade , de rétablir promptement , par des paroles confolantes , la paix & la tranquillité qui n'auroient jamais dû ceffer & que vos paroles menaçantes ont fait perdre. Nous vous rendons perfonnellement refponfable envers la Nation de tous les maux que ce défordre conftant va entraîner , des pertes que va effuyer Saint-Pierre , le Commerce & toute la Colonie , de l'interruption de la juftice au moment de la Séance du Confeil ; nous vous déclarons que notre unique but eft de nous mettre en défenfe contre les projets hoftiles dont nous fommes menacés , & que nous ne perdrons jamais de vue la fidélité que nous devons à la Nation , & au Souverain que vous repréfentez.

Signé , Les Officiers Municipaux.

Collationné , CRASSOUS DE MEDEUIE.

Nᵒ. I X.

LETTRE de M. Viomenil à MM. les Officiers Municipaux de Saint-Pierre.

Au Fort-Royal, ce 26 Février 1790.

J'ai reçu ce matin, Messieurs, les deux lettres qui m'ont été remises de votre part par M. l'Intendant; il est donc décidé qu'on ne se lassera jamais de me persécuter; la conduite noble & généreuse que j'ai tenue envers le Peuple de Saint-Pierre, devoit me répondre qu'il auroit les mêmes procédés pour moi; mais je vois avec douleur que des personnes mal-intentionnées, me conservent encore dans leurs ames des sentimens de haine, & qu'elles inspirent à d'autres le barbare plaisir de me nuire, en donnant de fausses interprétations à toutes mes actions.

C'est après avoir sauvé la Colonie des plus grands dangers dans différentes occasions, & en m'exposant à perdre vingt fois la vie, que j'éprouve ces témoignages de reconnoissance; est-il rien de plus affreux que ma position?

Instruit seulement depuis cinq jours de l'événement des troubles de Saint-Pierre; dès ce moment je n'ai cessé un seul instant de m'occuper à contenir la fureur des Soldats; je vous ai prévenu, Messieurs, des alarmes qu'elle me causoit, afin d'être aidé par vous à en arrêter les suites; & je suis accusé de répandre l'effroi & la terreur dans la Ville de Saint-Pierre; je suis soupçonné de ne pas faire tout ce qui est en mon pouvoir pour calmer la fermentation; on m'accuse encore de menacer les Citoyens de Saint-Pierre, de commettre des hostilités contr'eux; tandis que j'ai pris les précautions les plus sages, pour empêcher ceux qui sont venus au Fort-Royal d'être maltraités des Soldats dans les premiers momens de leurs effervescence, qu'un seul Habitant de Saint-Pierre, ose dire qu'on lui aie tenu des propos désobligeans; je lui défie de le prouver. Quel est donc l'acharnement que l'on met à me tourmenter? Ma santé se détruit, je ne me permets pas un instant de repos pour assurer le maintien de l'ordre, & l'on me rend responsable du désordre en se servant d'expressions les moins mesurées; & c'est dans l'instant même où je fais les plus grands efforts pour éteindre l'incendie qui est prête à embrâser la Colonie, que je suis accablé d'injustice & d'ingratitude: croyez, Messieurs, qu'il faut être attaché à ses devoirs autant que je le suis, pour ne pas tout abandonner après de tels dégoûts; mais j'attendrai avec autant d'impatience que de courage, ce jour heureux où je pourrai oublier dans le sein de ma famille, tous les outrages dont j'ai été accablé dans cette Colonie, en récompense des services essentiels que je lui ai rendus. Je souhaite que mon Successeur ait autant de bonheur que moi , s'il se trouve dans des circonstances aussi embarrassantes. Je le répete , MM. Duboulet & de Malherbes ont eu des torts , mais ils en ont été punis avec trop de dureté ; je savois qu'ils devoient être embarqués pour France , & je n'avois fait aucune disposition pour empêcher leur départ ; dans la nuit du 23 au 24 , à une heure du matin , MM. les Officiers du Régiment de la Martinique , vinrent me prévenir que leurs Soldats demandoient ces deux Officiers , & qu'il y auroit du danger à ne pas les leur rendre. Cette assurance me fut donnée de maniere à me décider d'envoyer l'ordre à M. le Vicomte de Pontevez , de faire chasser le Bâtiment sur lequel ils étoient embarqués ; ils arriverent au Fort-Royal le 24 au soir , & ils furent conduits sur le champ en prison ; ils y resterent jusqu'au moment de leur départ pour France , où il seront jugés par l'Assemblée Natio-tionale ; s'ils l'eussent été par un Conseil de Guerre au Fort-Royal , on auroit pu le soupçonner de partialité ou d'indulgence. Cette réflexion , dictée par ma délica-tesse , a prévalu sur les difficultés que j'avois prévue d'obtenir des Soldats le départ de ces Officiers , auxquels ils sont fort attachés ; je les ai vaincu ces difficultés , après de grands efforts , & MM. Duboulet & de Malherbes , partiront après demain sur la Frégate *l'Active*.

Vous m'assurez , Messieurs , que votre lettre au Régiment de la Martinique , n'a pas été rendue publique, celui qui vous en a fait le rapport , est un vrai scé-lérat (1).

Préoccupé depuis quatre jours pour trouver un moyen de conciliation , qui satisfasse tout ce qui compose le Régiment de la Martinique , qui croit son honneur affecté par l'insulte faite à son Uniforme ; comme vous m'avez mandé , Messieurs , que le Peuple de Saint-Pierre n'en avoit jamais eu l'intention ; si cette assurance étoit donnée par six Députés audit Régiment , en *lui rapportant les deux habits ou redingotes qu'il réclame* ; je suis assuré que cette réparation rétabliroit l'ordre & la paix. M. le Vicomte de Pontevez a bien voulu consentir , à ma priere , d'être le médiateur de ce raccommodement , & je ne doute pas qu'il n'ait autant de droit à vôtre confiance , Messieurs , qu'à la mienne ; cette proposition n'annonce pas de vous incendier ; cependant on vient encore de me prévenir que le bruit s'étoit répandu ici , que pour mieux exciter les Troupes à attaquer Saint-Pierre , je leur avois promis que le pillage leur en seroit permis ; *il faut qu'il y ait de grands monstres pour imaginer de telles calomnies* ; mais comme j'ai très à cœur de confondre les imposteurs , je me propose de rassembler le Régiment de la Mar-tinique Dimanche à quatre heures du soir , sur la Savane , & *je vous prie* , Mes-sieurs , *d'engager plusieurs personnes du Peuple de Saint Pierre de s'y trouver , pour être témoins de la fausseté d'une accusation aussi atroce.* Ma parole d'hon-

---

(1) Voyez la lettre de M. Castella , §. V , Nº. III. La lecture n'en a été faite qu'à la jonction des Compagnies , le 25.

neur leur répond qu'ils feront traités comme doivent l'être des Citoyens ; les auteurs de ces noirceurs, font des êtres bien méprifables ; je les livre à leurs remords, fi de tels monftres pouvoient en avoir.

Comme votre égal, Meffieurs, le ton de vos lettres ne feroit ni convenable, ni décent ; comme le Repréfentant du Roi, il l'eft encore moins ; mais quoique vous puiffiez faire, je ne fortirai jamais de la modération que je dois à la place qui m'eft confiée & qui tient également à mes principes.

J'ai l'honneur, &c.

Signé, LE CTE. DE VIOMENIL.

Collationné, CRASSOUS DE MEDEUIL.

Nº. X.

Lettre de la Municipalité de Saint-Pierre, à M. le Comte de Viomenil.

MONSIEUR LE GÉNÉRAL,

Nous avons fait part à la Commune de la Lettre que vous nous avez fait l'honneur de nous écrire. Convaincu que vos devoirs de Citoyen & d'Adminiftrateur doivent toujours être préfent à vos yeux ; elle s'en rapporte aux démarches que la prudence doit vous dicter pour ramener la paix, & perfuader aux Soldats du Régiment de la Martinique, & au Corps entier, qu'on n'a jamais eu intention de l'infulter & de porter atteinte à fa réputation ; mais de punir deux coupables, dont le Régiment réprouve lui-même la conduite ; en un mot, que nos fentimens font tels qu'ils font exprimés dans notre Lettre, rendue publique par la voie de la Gazette : devenez, Monfieur le Général, l'organe des Citoyens, vous en avez une heureufe occafion, puifque vous affemblez le Régiment ; & nous vous engageons même à lui donner communication de notre Lettre.

Nous fommes avec refpect, &c.   *Signé*, Les Officiers Municipaux.

Collationné CRASSOUS DE MEDEUIL.

Nº. XI.

N°. XI.

Lettre de M. le Comte de Viomenil, à M. le Maire de Saint-Pierre.

Au Fort-Royal, le 5 Mars 1790.

C'eſt avec le plus vif empreſſement, Monſieur, que j'ai l'honneur de vous annoncer le rétabliſſement de l'ordre & de la paix ; les moyens que j'ai employé pour y contribuer, les témoignages d'eſtime qui ont été donnés de toute part au Régiment de la Martinique, ont enfin perſuadé à tout ce qui le compoſe, que l'événement malheureux arrivé à deux Officiers de ce Corps, ne pouvoit, en aucune maniere, bleſſer l'honneur, ni la délicateſſe dudit Régiment ; cette conviction a fait ſuccéder le calme le plus parfait à l'agitation que peut cauſer une prodigieuſe ſenſibilité ; la mienne avoit été cruellement affectée des troubles qui en ont réſulté, & ſur-tout des nouvelles injuſtices dont j'ai encore été accablé dans cette circonſtance, malgré toutes les peines que je me ſuis données pour contenir les troupes dans la diſcipline & l'obéiſſance. Perſonne, je vous aſſure, Monſieur, n'éprouve plus de ſatisfaction, que moi de l'heureuſe Révolution qui doit aſſurer la tranquillité publique, & qui n'auroit jamais été troublée, ſi mes diſpoſitions pacifiques avoient été ſecondées ; mais elles ont au contraire été mal interprétées depuis que je ſuis dans cette Colonie ; j'aurai cependant le bonheur de la quitter, ſans avoir vu aucune victime des circonſtances actuelles, & n'emportant de regrets pour ce qui me concerne perſonnellement, que ceux de n'avoir pas réuſſi à faire connoître la pureté de mes intentions, & de n'avoir pu y faire tout le bien auquel j'étois auſſi diſpoſé par devoir, que par le mouvement naturel de mon cœur ; des ennemis de mon repos n'ont ceſſé de dénaturer ou de calomnier toutes mes actions ; leurs propres remords, ainſi que l'opinion publique, me vengeront tôt ou tard de leurs noirceurs, & je ne doute pas que les honnêtes gens ne me rendent un jour la juſtice que je ſuis bien certain d'avoir mérité.

J'ai l'honneur d'être, Monſieur, &c.

Signé, LE CTE. DE VIOMENIL,

Collationné, CRASSOUS DE MEDEUIL.

K

N°. X I I.

Lettre de MM. les Officiers Municipaux, à M. le Comte de Viomenil.

MONSIEUR LE GÉNÉRAL,

Vous nous faites l'honneur de nous annoncer la paix ; vous nous affurez que le calme le plus parfait a fuccédé à l'agitation qui s'étoit emparée du Régiment de la Martinique ; nous vous remercions de cette heureufe nouvelle ; nous l'attendions avec l'impatience que doivent avoir des Citoyens dérangés de leurs paifibles travaux, & bien décidés à fe facrifier pour la défenfe de la Patrie, & elle a produit tout l'effet que le nom facré de la paix doit produire dans les efprits ; l'inftant où nous la recevons a même un caractere bien heureux pour nous ; les généreux Habitans de la Guadeloupe font dans notre rade ; ils voloient à notre fecours, & nous n'aurons à célébrer dans leurs bras & avec tous les Habitans réunis ici que le patriotifme triomphant, fans effufion de fang des ennemis qui les menaçoient.

Nous fommes avec refpect, &c.

Signé, Les Officiers Municipaux.

Collationné, CRASSOUS DE MEDEUIL.

PIECES JUSTIFICATIVES.

§. I I I.

CORRESPONDANCE de M. le Vicomte de Pontevez-Gien, commandant la Station.

N°. I.

LETTRE de la Municipalité de Saint-Pierre à M. de Pontevez-Gien, Commandant la Station.

A l'Hôtel-de-Ville de Saint-Pierre, le 25 Février 1790.

MONSIEUR le Vicomte,

NOUS sommes infiniment sensibles aux rapports favorables & multipliés qui nous font rendus des mouvemens sans nombre que vous vous donnez, pour arrêter l'exécution des projets hostiles de la Troupe du Fort-Royal contre notre Ville. La franchise de votre conduite dans cette conjoncture critique, où la bonne cause est celle du Peuple de Saint-Pierre, vous donne les plus grands droits à notre reconnoissance, & nous nous empressons, M. le Vicomte, à vous prier d'en agréer les plus sinceres témoignages. Nous avons l'honneur d'être, &c. . . Les Officiers Municipaux.

Signé, THOUMASEAU, Maire.

Collationné, CRASSOUS DE MEDEUIL.

No. I I.

LETTRE de la Municipalité de Saint-Pierre à M. de Pontevez-G.en.

Du 26 Février 1790.

MONSIEUR LE VICOMTE,

LA Municipalité vient d'être inftruite par le retour de M. l'Intendant, que MM. de la Marine fe plaignoient qu'un coup de fufil avoit été tiré fur la chaloupe de M. de Vaugiraud; elle s'eft auffitôt empreffée d'avoir des renfeignemens précis; d'après la dépofition de celui qui commandoit le pofte où la chaloupe a voulu aborder, il n'y a point eu de coup de fufils tirés, & il n'eft pas très-facile d'éclaircir pofitivement le fait; mais fi cela étoit vrai, il faudroit l'apprécier, & c'eft à votre jugement que nous aimons à le foumettre : le Peuple venoit d'être attaqué par la Troupe, oui attaqué, car il n'y avoit perfonne d'armé, fi ce n'eft les quatorze qui avoient cru de leur honneur de répondre au cartel des Officiers, & la Troupe étoit armée, avoit battu la générale, avoit couché en joue; on étoit encore dans le premier moment de défordre qui devoit fuivre un inftant fi terrible; les poftes s'étoient formés à la hâte, tout étoit fufpect, & l'ordre avoit été donné de ne laiffer approcher aucune chaloupe; celle de M. de Vaugiraud a été repouffée comme les autres; admettons qu'il y ait eu un coup de fufil tiré dans ce moment; fera-t-il attribué à l'étourderie ardente de la jeuneffe, ne le fera-t-il pas plutôt au hafard? Étoit-il même dirigé fur la chaloupe? Croyez, M. le Vicomte, qu'il n'y avoit aucune intention ni contre le Corps de la Marine, ni contre aucun de fes Membres : c'eft au nom du Peuple que nous vous faifons cette déclaration, en vous renouvellant les fentimens perfonnels de reconnoiffance dont nous fommes pénétrés pour vous, & en vous affurant même que fi les mouvemens dont on nous menace avoient lieu, ce feroit à vous que nous nous adrefferions pour réclamer l'exécution du Décret protecteur de l'Affemblée Nationale.

Nous fommes avec refpect, &c. . . Les officiers Municipaux.

Signé, THOUMASEAU, Maire.

Collationné, CRASSOUS DE MEDEUIL.

N°. I I I.

LETTRE de M. le Vicomte de Pontevez-Gien à la Municipalité de la Ville de Saint-Pierre.

A bord de l'Illuſtre, au Fort-Royal, le 17 Février 1790.

MESSIEURS,

IL eſt vrai que M. le Chevalier de Vaugiraud s'eſt plaint à moi de ce qu'on avoit tiré ſur ſon canot (1), lui y étant, quoiqu'il ait répondu à ceux qui les héloient, que ce canot appartenoit à la Gracieuſe, & qu'il alloit trouver M. de Laumoy pour affaire de ſervice. On a également tiré ſur ſa chaloupe quelque tems après (2). On a, pendant cet intervalle, armé toutes les Batteries de la rade, comme pour ſe mettre en état de tirer ſur les Bâtimens de guerre François qui y étoient au mouillage, & M. de Vaugiraud a été prévenu qu'on ſe propoſoit de le forcer de mettre à terre les Canoniers ſéditieux, dont on vouloit purger la Colonie, & ſucceſſivement, qu'on vouloit l'empêcher par force de mettre ſous voile, dans le deſſein qu'on lui ſuppoſoit d'arrêter le Bâtiment ſur lequel on avoit embarqué les deux Officiers du Régiment de la Martinique, dont le Peuple de Saint-Pierre ſe plaint.

Tous ces mouvemens très-oſtenſibles, ces menaces générales, ces avis officieux, l'ont engagé à faire appareiller toute la diviſion & à la ſuivre bientôt lui-même, pour éviter d'être expoſé à être obligé de ſe défendre contre les attaques qu'on paroiſſoit projetter contr'elle : cette conduite prudente eſt bien éloignée d'être hoſtile, & je l'avois ordonnée par prévoyance.

Je ne comptois pas vous en porter de plaintes, parce que j'ai très-bien jugé que de pareils procédés ne pouvoient être attribués à la partie ſaine du Peuple, & encore moins aux Chefs qui ſont à ſa tête, & je vous aſſure que j'en ai été bien plus touché que fâché. La Marine, en général, n'a point mérité l'animadverſion de la Colonie, & je puis répondre, que depuis que j'ai l'honneur de l'y commander, elle a toujours ſaiſi & même cherché toutes les occaſions de lui être utile ainſi qu'au Commerce, & je puis vous aſſurer que je perſiſterai toujours dans les mêmes

---

(1) C'eſt à l'Embarcadaire du Port que cet événement eſt arrivé.

(2) M. de Vaugiraud vient de me dire que cet événement n'étoit point vrai.

fentimens & la même conduite ; vous pouvez le certifier de ma part au Peuple de Saint-Pierre. Il ne fera pas néceffaire que vous ayez recours à réclamer auprès de moi l'exécution du Décret protecteur de l'Affemblée Nationale ; ce qu'il prefcrit, eft profondément gravé dans mon cœur depuis que j'exifte, & mes actions y feront toujours conformes.

Il me refte à avoir l'honneur de vous parler, Meffieurs, de l'ordre que j'ai donné à M. de Vaugiraud, de courir après le navire des deux Coufines, fur lequel les fufdits Officiers de la Martinique avoient été embarqués par votre ordre pour être tranfportés en France & remis au jugement de l'Affemblée Nationale ; je ne lui ai donné qu'en conféquence de celui de M. le Comte de Viomenil ; nous ne nous y fommes décidés, que pour arrêter l'effervefcence extrême du Régiment de la Martinique, que nous n'aurions pu réuffir à contenir fans ce moyen ; mais votre but fera également rempli, & ces deux MM. partiront fur *la Frégate l'Active avec le Baron de Malves, leur camarade, chargé par le Régiment de les préfenter à l'Affemblée Nationale.* Cette maniere de remplir vos vues, a été jugée plus convenable, & j'avois lieu d'efpérer qu'elle feroit prife, lorfque j'ai donné l'ordre fufdit à M. le Chevalier de Vaugiraud ; fi elle a véritablement contribué à diminuer le reffentiment du Régiment, comme je l'efpere, nous devons tous être fort aifes de l'avoir employée ; *mais le retour de la Garnifon de Saint-Pierre ainfi que l'effervefcence du Bataillon de Sainte-Lucie, & le defir ardent de fe joindre aux deux Bataillons d'ici pour aller demander des réparations à la Ville de Saint-Pierre*, a ranimé leur colere ; malgré tous nos foins, les conféquences peuvent en être fâcheufes, & je defire bien vivement pour l'amour de la paix, que vous vous décidiez à faire quelqu'action ou quelque démarche qui puiffe les fatisfaire, en prouvant oftenfiblement que l'intention du Peuple de Saint-Pierre n'a jamais été de les offenfer ; on ne fera alors qu'exprimer d'une maniere non équivoque ce même fentiment que vous avez déjà tranfmis par la voie publique. L'amour-propre ne peut être bleffé véritablement lorfqu'on commet une action honnête ; & dans des tems de troubles, toutes celles qui ont pour objet de ramener la tranquillité publique, honnorent ceux qui ont le bon efprit de le faire, en banniffant toute efpece de préjugé contraire.

Dans tout ce que je fais, c'eft l'intérêt public qui m'anime, & dans cette occafion, c'eft du vôtre dont je fuis occupé & je la faifis avec empreffement, pour vous renouveller les affurances des fentimens diftingués avec lefquels j'ai l'honneur d'être, &c.

Signé, PONTEVEZ-GIEN.

Collationné, CRASSOUS DE MEDEUIL.

N°. IV.

LETTRE de la Municipalité de Saint-Pierre à M. le Vicomte de Pontevez-Gien.

A l'Hôtel-de-Ville le 10 Mars 1790.

MONSIEUR LE VICOMTE,

LA défense ne nous est plus nécessaire; le Régiment de la Martinique s'est rendu justice, & la cause des Citoyens l'emporte; les braves Habitans de l'Isle Guadeloupe qui sont venus à notre secours, vont repartir couverts de gloire; nous vous prions, M. le Vicomte, vous qui devez si bien sentir le mérite de leur démarche, d'ordonner que les Bâtimens du Roi de la Station soient chargés du transport de ces généreux Patriotes; en les remettant dans leur Quartier, la Marine Royale participera à la joie de leurs Familles, de leurs Freres qui ont frémi des dangers auxquels ils se sont exposés, & qui voleront au devant pour célébrer leur triomphe; c'est un spectacle si bien fait pour votre cœur Citoyen, que vous nous accorderez sûrement notre demande; nous vous prions de vouloir bien répondre de suite, & nous vous engageons en même tems à participer avec MM. les Officiers de la Marine à la Fête qui se donnera demain au soir pour célébrer le retour de la paix parmi nous. Nous sommes avec respect, &c.

Signé, THOUMASEAU, Maire.

Collationné, CRASSOUS DE MEDEUIL.

N°. V.

LETTRE de M. de Pontevez-Gien à la Municipalité de Saint-Pierre.

A bord de l'Illustre, au Fort-Royal, le 11 Mars 1790.

MESSIERS,

JE partage bien véritablement votre satisfaction pour le retour de la tranquillité publique; je suis bien touché de ne pouvoir, dans le moment même, employer, autant que je le voudrois, des Bâtimens de la Station, au tranſport des braves Habitans de la Guadeloupe qui ſont venus à votre ſecours, mais la Gracieuſe eſt retenue pour le départ de M. le Comte de Viomenil, lorſque M. le Vicomte de Damus ſera arrivé, le Lutin & l'Epervier ſont en réarmement dans le Cul-de-Sac, & toutes les Goëlettes ſont en miſſion ou en radoub ; il n'y a donc à préſent que la Senſible qui puiſſe être utile pour cet objet, & je ne doute pas que MM. de Clugny & Debraye n'y reçoivent tout le monde qui pourra y être embarqué ; je leur ai écris en conſéquence ; je vais vous envoyer auſſi la Goëlette la Gentille, qui eſt prête depuis hier ſeulement, & qui peut remplir une partie de ce que vous deſirez ; dès que j'en aurai une autre à ma diſpoſition, ce qui ne peut tarder, j'aurai l'honneur de vous l'envoyer auſſi, & j'eſpere qu'avec ces moyens je pourrai au moins faciliter le retour de vos braves Compatriotes dans leurs Familles.

MM. les Officiers de la Marine & moi ſommes bien reconnoiſſans de votre honnête invitation, pour aſſiſter à la Fête que vous vous propoſez de donner ce ſoir, pour célébrer le retour du calme ; je leur en ferai part, & je ne doute pas que pluſieurs d'entr'eux, que le ſervice ne retiendra pas, ne s'y trouve avec plaiſir ; je m'y rendrois moi-même bien volontiers, ſi ma préſence n'étoit pas abſolument néceſſaire ici. J'ai l'honneur d'être avec des ſentimens diſtingués, &c.

Signé, PONTEVEZ-GIEN.

Collationné, CRASSOUS DE MEDEUIL, Secrétaire-Greffier.

PIECES JUSTIFICATIVES.

§. IV.

EXTRAIT des Regiſtres du Conſeil Souverain de la Martinique.

Du Mardi 2 Mars 1790.

N°. I.

CE jour, un de Meſſieurs a dit, que le 22 du mois dernier avoit offert à Saint-Pierre un des évènemens malheureux, dont la révolution de la France a donné des exemples ſi multipliés.

Que les détails de cette ſcène affligeante ſont trop connus pour les rétracer :

Que les ſuites d'une journée auſſi déplorable, pourroient compromettre la Colonie entière.

D'un côté, les Troupes du Roi ſe diſent outragées dans leur honneur, & veulent marcher à la vengeance :

D'un autre côté, le Peuple de Saint-Pierre perſiſte à croire qu'il ne doit aucune réparation.

Que le Commerce eſt arrêté dans ſes opérations :

Que les Citoyens, détournés de leurs opérations, croient que leurs vies & leurs biens ſont menacés :

Que depuis cette époque, M. le Général & MM. les Officiers du Régiment de la Martinique, employent leurs efforts pour remplir cet objet :

Que nous devons aux qualités éminentes du premier, & à la confiance méritée des derniers, d'avoir contenu, juſqu'à ce moment, des Soldats irrités :

Qu'une démarche du Corps, dépoſitaire des Loix, ne pouvoit qu'ajouter à des moyens auſſi puiſſans, & déterminer le retour du calme & de la paix.

La matiere miſe en délibération.

La Cour, profondémemt affligée des malheurs qui ſont arrivés, & de ceux qui

L

menacent la Colonie , pleine d'efpoir que fa médiation , jointe aux efforts multipliés de M. le Général & de MM. les Officiers , parviendra à les prévenir , en calmant le reffentiment des Soldats.

A arrêté qu'Elle fe tranfportera en Corps vers le Régiment , pour lui témoigner fes vœux & fes defirs.

La Cour s'eft retirée de fuite par-devers M. le Général , pour lui faire part de fes difpofitions qu'il a approuvées.

En conféquence , MM. Duval de Grenonville & Menant ont été Députés vers M. de Caftella , Major-Commandant du Régiment , pour le prévenir de la démarche de la Cour , & lui demander l'heure à laquelle Elle pourra être reçue.

MM. Duval de Grenonville & Menant étant revenus , ont rapporté à la Cour , que M. de Caftella avoit témoigné qu'une démarche auffi honorable , de la part du Confeil , le flattoit infiniment , ainfi que tout le Régiment qui feroit prêt à le recevoir demain à neuf heures du matin.

Du matin 3 Mars.

Ce jour la Cour étant réunie , s'eft mife en marche avec M. le Général , qui , de lui-même , étoit venu fe joindre à elle ; après qu'elle a été introduite au milieu du Régiment formé en Bataillon quarré , M. le Général a annoncé , en termes pleins de Nobleffe , la démarche de la Cour. M. de la Vigne Bonaire , Procureur-Général , choifi par la Cour pour fon organe , a dit :

MESSIEURS,

La Cour Souveraine de cette Isle vient rendre au Régiment qui porte fon nom , un hommage que fes fervices ont mérité depuis l'époque de fa création.

Défendue par fa bravour contre les ennemis du dehors , la Colonie doit auffi à fon zèle fa fécurité intérieure ; les preuves multipliées & récentes qu'il a données de fes vertus , nous faifoient attendre , avec joie , que notre réunion nous permît de vous exprimer , Meffieurs , nos fentimens de reconnoiffance & d'attache-mens. . . . . Pourquoi ceux de la douleur & des alarmes font-ils venus les troubler ?

Vous le favez , Meffieurs ; les circonftances , trop malheureufement impérieufes , ont fourni par-tout de triftes exemples de ces funeftes erreurs du moment , que toute la prudence humaine ne fauroit prévenir.

C'eft l'oubli d'une de ces fatales journées , c'eft l'oubli de tout reffentiment , que pleins de confiance & d'eftime pour vous , les Miniftres de la paix & de la con-corde viennent demander à des Militaires Citoyens. Un facrifice , digne de vos cœurs nobles & généreux, vous acquerra des lauriers d'un genre préférable aux palmes même de la victoire.

Cette offrande, que la Patrie réclame de vous en cette occasion, réhausseroit, s'il étoit possible, l'honneur & la délicatesse qui vous ont toujours distingués ; rendez-vous, Messieurs, à nos vœux ;

Secondez nos patriotiques efforts, vous, Monsieur le Major, qui dans ces circonstances aussi critiques que délicates, que les évènemens ont fait naître, depuis que vous vous trouvez à la tête de ce brave Régiment, avez toujours montré autant de prudence que d'activité.

Secondez-les, vous tous, Messieurs les Officiers, dont la conduite & les principes ont constamment maintenu le bon ordre, & vous ont concilié une entiere confiance.

Et l'estime la plus pure consacrera dans nos Archives tous les témoignages de la reconnoissance, comme votre courage, Messieurs, le rétablissement du calme dans une Colonie, dont la conservation est un honorable dépôt confié à votre sagesse autant qu'à votre valeur & à votre courage.

M. le Général a ajouté à ce discours, ce que l'effusion d'une ame noble & énergique peut dire en faveur de la paix & de l'oubli de tout ressentiment ; le Régiment de la Martinique a témoigné, par des acclamations réitérées, son attachement à la Nation, à la Colonie, les dispositions de paix dont il est pénétré, & sa sensibilité à la démarche du Conseil.

Peu d'heures après, MM. les Officiers du Régiment de la Martinique se sont rendus en Corps à la Salle du Conseil, où M. de Castella, Major-Commandant, a réitéré à la Cour l'expression de la Sensibilité du Régiment à sa démarche, de son attachement à la Nation, à la Colonie, & des sentimens de paix dont il est pénétré.

M. le Doyen, au nom de la Cour, lui a témoigné tout ce que des dispositions aussi consolantes ont de flatteur pour elle.

Signé, BOIGNAN.

Collationné, CRASSOUS DE MEDEUIL.

N°. I I.

Copie d'une Lettre de MM. du Conseil Souverain à la Muni-cipalité de la Ville de Saint-Pierre.

Au Fort-Royal, en Conseil, ce 3 Mars 1790.

Le Conseil, Messieurs, n'a pu voir sans la plus vive douleur & les plus grandes inquiétudes, les détails des nouveaux événemens qui ont si cruellement troublé la tranquillité de Saint-Pierre ; & celle de toutes les Campagnes ; son attache-ment aux intérêts de la Colonie ; son amour de l'ordre & de la paix, en ont été sensiblement affectés ; mais son zele n'est point resté dans l'indifférence & l'inac-tion sur les avis & renseignemens qui lui sont venus par la notoriété publique ; déjà l'effervescence étoit à son comble, malgré tous les soins & les efforts de M. le Général & de MM. les Officiers du Régiment, pour calmer l'agitation des Soldats, & retenir un ressentiment fougueux que l'inégalité des démarches & né-gociations auprès de vous, ne faisoit qu'aigrir de plus en plus.

Instamment effrayé des maux incalculables qui alloient fondre sur cette Co-lonie, profondément affligé de l'état de guerre dans lequel se trouve une Ville, Siege de son Commerce, & centre de tous ses intérêts, le Conseil a cru de son devoir de ne négliger aucuns moyens, aucunes démarches, pour en prévenir les funestes suites. Il s'est porté en Corps vers les Soldats assemblés sur son in-vitation ; leur a présenté ses sentimens & vœux pour le rétablissement du calme & la cessation de tous projets hostiles. Cette démarche, aidée par l'influence de M. le Général & celle de tous les Officiers du Régiment, a réussi au-delà de ce que nous osions espérer. Les esprits se sont calmés à la priere & à la voix des Ministres de la paix & de la concorde ; & c'est avec une satisfaction inexprimable que nous vous annonçons la plus heureuse pacification : qu'il est consolant pour nous d'avoir contribué à un changement aussi intéressant qu'inat-tendu !

Vous vous empresserez sans doute, Messieurs, à en participer la nouvelle à la Commune, à nos Concitoyens, nos Amis, nos Freres. Vos cœurs se réjouiront , comme les nôtres , de voir cesser un appareil de guerre & un état violent , fait pour répandre la plus désastrueuse consternation.

Mais quand nous avons été assez heureux de tout obtenir du Régiment , pour la tranquillité de la Colonie , n'obtiendrons-nous rien de nos Concitoyens , pour consolider la réunion la plus desirable ?

Vos sentimens ne peuvent être autres que les nôtres ; le bien public , l'intérêt commun , la félicité de tous , & le bonheur d'un chacun , font l'objet de tous nos vœux , & dicteront à jamais toutes nos démarches.

Nous avons l'honneur d'être , &c. . . . .

Signé , CLARKE , Doyen ; & ROIGNAN , Greffier.

Collationné , CRASSOUS DE MEDEUIL.

PIECES JUSTIFICATIVES.

§. V.

CORRESPONDANCE avec le Régiment de la Martinique.

Nº. I.

LETTRE écrite par la Municipalité aux Officiers & Soldats du Régiment de la Martinique.

Du 23 Février 1790.

BRAVES GUERRIERS,

« Recevez, par notre organe, l'expreſſion des vœux des Citoyens ; votre Corps eſt reſpectable à leurs yeux ; ils connoiſſent toute votre bravoure & la nobleſſe de vos ſentimens : ils n'ont donc pu avoir aucune intention de vous offenſer, dans la punition qu'ils ont inffligée à MM. Duboulet & de Malherbes. Ces Officiers ſe ſont rendus indignes de ce nom, indignes de vous commander ; & ils ont paru indignes de porter l'Habit Uniforme : on les en a dépouillé, comme coupables envers la Nation, à laquelle les Uniformes ſont conſacrés, ſans qu'on ait eu en vue, ſous aucun rapport, de faire aucune inſulte au Corps. Nous nous ſommes, au contraire, tous convaincus que vous vous réuniriez aux Citoyens, pour punir ces coupables Officiers ; & vos camarades, qui ont vécu au milieu de nous, ſavent combien nous leur ſommes attachés, que nos intérêts ne ſont point différens des vôtres. Si le Peuple n'a pas cru devoir les renvoyer au Fort - Royal, pour y être jugés par le Conſeil de Guerre ; ce n'eſt pas qu'on ne ſoit certain de la juſtice éclatante qui auroit été rendue ; mais, Braves Soldats, il y a un Tribunal Suprême, celui de l'Aſſemblée Nationale, auquel les Citoyens ont cru indiſpenſable de porter cette affaire. Abandonnez-les donc à leur jugement, & ſoyez pénétrés de cette vérité, que nous ne voyons en vous que des Freres, des Citoyens comme nous,

& que l'Uniforme qui vous diſtingue eſt ſacré pour tous, dans les Braves Gens qui l'honorent ».

Nous avons l'honneur d'être avec un inviolable attachement, Braves Guerriers.

Signé, les Officiers Municipaux; THOUMASEAU, Maire; CRASSOUS DE MEDEUIL, Secrétaire-Greffier.

Collationné, CRASSOUS DE MEDEUIL.

N°. I I.

Lettre de la Municipalité de Saint-Pierre, à M. de Caſtella, Major du Régiment de la Martinique.

Du premier Mars 1790.

MONSIEUR,

Deux Appointés du Régiment ſont venus ici cette nuit; ils nous ont témoigné qu'ils étoient partis de leur propre mouvement, pour connoître par eux-mêmes les faits dont ils étoient très-mal inſtruits; nous leur avons donné tous les renſeignemens poſſibles; ils ont été ſurpris de tout ce qu'ils apprenoient. La liberté qu'ils ont eue dans la Ville, les a mis à même de rendre un compte exact à leurs camarades, de tout ce qui les intéreſſe, & de les convaincre combien les intentions du Peuple étoient éloignées de faire aucune inſulte au Corps; nous leur avons delivré un Certificat. Si ce qu'ils rapporteront ne vous paroît pas ſuffiſant, vous pourrez envoyer tel nombre de Grenadiers & de Chaſſeurs que vous jugerez à propos, pour qu'ils viennent au milieu de nous, s'aſſurer, au nom de tous, qu'on n'a jamais confondu le Corps avec les coupables; que l'Uniforme dont Meſſieurs Duboulet & Malherbes ſe ſont dépouillé, à la demande du Peuple, eut été déshonoré, en reſtant ſur eux; qu'ainſi l'honneur même du Corps, exigeoit qu'ils en fuſſent dépouillés; vous avez déjà des droits à notre reconnoiſſance, par les ſoins que vous vous êtes donné juſqu'à préſent, pour appaiſer une efferveſcence qui n'auroit pas eu lieu, ſi on eut eu des informations exactes; & nous ſommes perſuadés que vous ſaiſirez, avec empreſſement, ce moyen de terminer toute agitation. Nous vous prions cependant, ſi vous vous y décidez, de les faire partir de maniere à ne point arriver pendant la nuit.

Nous avons l'honneur, &c.

Signé, les Officiers Municipaux; THOUMASEAU, Maire; CRASSOUS DE MEDEUIL, Secrétaire-Greffier.

Collationné, CRASSOUS DE MEDEUIL.

N°. I I I.

Lettre de M. de Castella, Major du Régiment de la Martinique, à la Municipalité & à la Commune de Saint-Pierre.

Au Fort-Royal, le 2 Mars 1790.

MONSIEUR,

« Les deux Appointés m'ont remis la Lettre que vous m'avez fait l'honneur de m'écrire ; il étoit en mon pouvoir de les pardonner, pour avoir manqué à l'appel ; mais je n'ai pas celui de souffrir le mensonge qu'ils vous ont fait, en niant la lecture de la lettre qui a été adressée par la Municipalité, au Régiment ; elle a été lue à la réunion des trois Compagnies ».

« J'ai cru, Messieurs, qu'il étoit de mon devoir de donner connoissance de vos dispositions au Corps que j'ai l'honneur de commander : il n'a pu se rendre au desir que vous avez de voir parmi vous un certain nombre de Grenadiers & Chasseurs ; je vous prie de vouloir bien peser dans votre sagesse, Messieurs, les inconvéniens qui pourroient en résulter. D'un côté, tout un Peuple qui croit être fondé à ne point faire des réparations à un Corps outragé ; de l'autre, des Soldats qui sentent, avec véhémence, l'insulte qui leur a été faite ; pourrions-nous compter de part & d'autre, que ce rapprochement fut d'après vos vœux & les nôtres ? Si, cependant, vous présumez que Saint - Pierre soit pénétré de la justice de leur réclamation, dont je vous envoie le résumé, ce sera avec plaisir que je les engagerai à aller recevoir parmi vous les sentimens de réunion que vous paroissez desirer ».

Le Peuple de Saint-Pierre, s'est porté, sans doute, à un acte de violence bien extraordinaire, en dépouillant de notre Uniforme MM. Duboulet & Malherbes ; mais d'après les témoignages d'estime & de vénération que vous paroissez rendre au reste du corps, je ne doute point que vous ne lui renvoyez les deux uniformes qui lui appartiennent, comme un témoignages sincere de la verité de vos dispositions

Mes soins vont redoubler, mon honneur, ma délicatesse, mes devoirs, tous ses sentimens se confondrent pour le bien, mais je dois vous exprimer, avec vérité, que ce n'est pas moi seul qui dois exciter votre reconnoissance ; vous la devez toute entiere, au zele infatigable de M. le Général, & à la bonne conduite de MM. les Officiers que j'ai l'honneur de commander.

J'ai l'honneur, &c. *Signé*, CASTELLA, Major.

Collationné, CRASSOU DE MEDEUIL.

Réclamations

Réclamations du Régiment de la Martinique.

1°. Tout ce qui a rapport à l'armement & les facs des Soldats.

2°. Tous les papiers faifi chez M. Duboulet & qui ont rapport aux comptes de fon détachement.

3°. Les uniformes du Régiment de la Martinique que portoient MM. Duboulet & Malherbes

4°. Que la Municipalité rende à M. le Général la juftice qui lui eft due ; en ce que la générofité de fon cœur, & la noblefle de fon ame ont été méconnues, & que Saint-Pierre s'eft laiffé féduire par une calomnie dont devoit être à l'abri un Militaire plein d'honneur, & dont le zele infatigable pour le bien de la Colonie, doit lui affurer à jamais le fuffrage, l'admiration, & la reconnoiffance de tous les bons Citoyens.

Signé ,,Caftella, Major ; de Rolland, Carman, Baron de Coattés, Rochelmagne, de Noroy, Delloy, de Labattut, le Chevalier de Faure, Gazan, Sergent-Major des Grenadiers ; Vivien pour les Grenadiers ; Valal, Sergent-Major; de Rolland; René Lambert; le Grand, Sergent-Major de Duboulet ; Plaifantin, pour la Compagnie de Duboulet; J. Meurel, Sergent-Major pour Coquille ; Balequet pour Coquille; Hurel, Sergent-Major ; Tardier, Sergent-Major pour le Bataillon de Sainte-Lucie ; Neuville, Sergent de Rochelmagne ; Rudet pour Rochelmagne ; Vaftat, Sergent-Major pour Coattés; Génin pour Malvés; Gourfal pour Coattés; le Chevalier de Percin; Laglaine; Daurier ; Druant ; Berry ; Perrault ; Sénicourt ; Viguier ; Vicomte Duquefne ; Boubert ; le Chevalier de Morel ; Faure pour le Bataillon en garnifon à Sainte-Lucie,

Au Fort-Royal, le Régiment affemblé, ce 2 Mars 1790,

Collationné CRASSOUS DE MEDEUIL.

N°. I V.

Réponfe de la Municipalité & de la Commune de Saint-Pierre, à M. de Caftella, Major du Régiment.

Hôtel-de-Ville de Saint-Pierre, ce 2 Mars 1790.

Le Régiment de la Martinique auroit dû, Monfieur, être fatisfait de ce qu'en lui déclarant qu'on n'a pas voulu infulter, nous n'avons pas demandé une réparation des actions inouies, commis contre les Citoyens; il ne connoît pas ce qu'il doit à une Ville, à une Municipalité; il ne fent pas la démarche de Soldats armés contre un Peuple, fans défenfe, prêts à tirer fur lui, à jetter le ravage & le défola-

M

tion dans le fein de nos familles. Nous avons cru, comme on a cherché à nous le perfuader, que les Soldats feuls, mal inftruits des faits, s'étoient mis en tête, que leur uniforme étoit infulté, lorfque deux redingotes, fans paremens, & fans épaulettes, avoient été facrifiées par deux coupables, à la crainte que leur infpiroient le témoignage de leur conficience; mais votre lettre, & les réclamations que vous nous adreffez, nous prouvent que les Officiers eux-mêmes ont méconnu ce qu'ils doivent à la Nation, à la Loi & au Roi; & nous avons vu avec indignation, que les deux Compagnies dont nous avons tant à nous plaindre, fe font jointes à vous dans cette réclamation : fi c'eft avec de tels moyens, Monfieur, que vous contenez vos Soldats; fi vous vous déclarez ainfi les ennemis des Citoyens, fi vous vous rendez les défenfeurs des Officiers qui nous ont préparé ces fcenes affreufes, vous nous devez vous-mêmes des réperations. L'Affemblée Nationale prononcera dans cette affaire où l'intérêt de la Nation eft fi vivement compromis; mais vous rendre des habits qui ont été déchirés, & que vous auriez déchiré vous-mêmes s'ils vous avoient été offerts; vous renvoyer des armes lorfque vous les demandez comme une expiation, & que la conduite du Régiment nous les rend néceffaires? Non, Moufieur, l'honneur nous le défend; mais nous reclamons, nous, au nom de cet honneur, au nom de la Loi, que les Officiers, & notamment M. de Rancey, qui nous ont provoqués par des injures; que ceux qui ont commandé; que les Bas-Officiers & Soldats qui ont chargé leurs armes, marché, & couché en joues contre nous, au mépris de leur ferment, commencent par expier ce crime; s'il eft des réparations qui puiffent y être proportionnées; alors nous vous rendrons ce qui appartient au Corps. Quant à M. le Général, il ne peut être confondu dans vos réclamations, & nous efpérons bien que fes actions actuelles juftifieront l'éloge que vous en faites.

Nous avons l'honneur, &c.

> *Signé*, les Officiers Municipaux & Membres de la Commune, THOUMASEAU, Maire; LE JEUNE DE MONTNOEL, Préfident de la Commune; CRASSOUS DE MEDEUIL, Secrétaire - Greffier; MARTIN, Secrétaire de la Commune.

P. S. Les papiers qui concernent les comptes du Détaehement, vous feront remis avec foin : nous les tiendrons à votre difpofition.

> *Collationné*, CRASSOUS DE MEDEUIL.

N°. V.

LETTRE de M. Caſtella, Major du Régiment, à MM. de la Municipalité & Commune de la ville de Saint-Pierre.

A l'Hôtel-de-Ville, ce 3 Mars 1790.

MESSIEURS,

D'après l'offre que vous voulez bien me faire au bas de votre Lettre ; j'ai l'honneur de vous prier de faire remettre au Sergent, porteur de la Préſente, les Papiers & Regiſtres qui ſe ſont trouvés chez M. Duboulet & qui ont rapport aux comptes du Détachement qu'il commandoit. J'ai l'honneur d'être, &c.

Signé, CASTELLA.

Collationné, CRASSOUS DE MEDEUIL.

N° V I.

LETTRE du Régiment de la Martinique à la Municipalité de la ville de Saint-Pierre.

Du Fort-Royal, ce   Mars 1790.

MESSIEURS,

Le Régiment de la Martinique enviſage avec la douleur la plus profonde, l'état actuel de la Colonie, qui par tant de titres, n'a ceſſé de lui être chere. Pourquoi faut-il que cette Colonie, & ſur-tout la Ville de Saint-Pierre, ſi belle & ſi floriſ-ſante, voie leur tranquillité troublée ? Ce qui ne peut prévenir que par des récits infideles qu'il eſt de ſon honneur de détruire. Il oſe eſpérer que la pureté de ſes ſentimens & ſon attachement pour tous les Citoyens lui feront rendre la juſtice qui lui eſt due, & rameneront les charmes de la paix, que l'intérêt général néceſſite.

Nous n'avons jamais oublié l'objet de notre Création, nos devoirs, notre hon-neur ; le ferment ſolemnel que nous avons fait à la Nation, au Roi & à la Loi,

M 2

n'a pas ceffé de nous être préfent ; pouvez-vous croire d'après cela, que nous ayons voulu tourner nos armes contre nos Concitoyens, nos Parens & nos Amis? ... Éloignons de concert cette idée trop affligeante.

Oui, Meffieurs, le Régiment de la Martinique, malgré fa fenfibilité n'a point perdu de vue, que de défendre la Colonie de tout fon courage, facrifier fon repos pour veiller à celui de tous les Citoyens, font fes devoirs les plus facrés & les plus chers à fon cœur.

Puiffe cette profeffion de foi, rétablir le calme & mériter au Régiment de la Martinique le même attachement qu'il porte à toute la Colonie. Nous avons l'honneur, &c. *Signé*, Caftella, de Rolland, Carman, Roffet, Roux, Roche-malagne, le Chevalier de Kergus, Faure, pour le Bataillon de Sainte-Lucie; le Baron de l'Etang, de Longuerue, Denis de la Ronde, Labattut, le Chevalier de de la Salle, Lambert, Picard, le Chevalier de Perein, Sennicourt, Berri, Druault, Felix, Delort, le Chevalier Faure, Degances, de Naroy, Viguier, Laglaine, le Courtois des Bourbes, Bonnet, Vénancourt, Bedouin, Berthelot, Martin-ville.

Collationné, CRASSOUS DE MEDEUIL.

N°. V I I.

E X T R A I T des Délibérations du Régiment de la Martinique, dans la Séance du 9 Mai 1790.

Le Régiment de la Martinique, prenant en confidération la Délibération de la Municipalité & de la Commune de la Ville de Saint-Pierre, du Dimanche 7 Mars dernier, & la démarche noble & généreufe de M. le Baron de Clugny, de MM. les Députés de l'Affemblée Générale Coloniale de la Guadeloupe, defirant faire droit aux réclamations de la Ville de Saint-Pierre, & voulant prouver à toute la Nation Françoife qu'il ne defire que la paix, & lui témoigner combien il eft jaloux de mériter fon attachement, a arrêté ;

Qu'il a également blâmé dans le principe, & blâme encore formellement l'effer-vefcence de la Garnifon de Saint-Pierre, ainfi qu'il l'a prouvé, en envoyant les coupables connus & dénoncés par la Municipalité, pour être jugés en France par l'Assemblée Nationale, sur les griefs dont ils sont accusés.

Qu'il a également désaprouvé les propos tenus par M. de Rancey, qui est maintenant en prison par ordre du Corps, pour y attendre le jugement de l'Assemblée Nationale ; que s'il n'a pas été envoyé en France, c'est que la Ville de Saint-Pierre n'a pas, dans le principe, manifesté ce désir.

Que quant aux réclamations signées par quelques Officiers, elles ont été approuvées & consenties par tout le Corps, qui a été représenté par les signatures mises au bas ; mais que le Régiment, vivement affecté de l'impression défavorable que ces mêmes réclamations ont faites sur le Peuple de Saint-Pierre, déclare qu'il n'a jamais eu de projets hostiles, en cas de refus, & renonce même, dès ce moment, à toutes ces demandes, pour mieux prouver la pureté de ses intentions.

Quant à la demande que la Ville de Saint-Pierre fait au Régiment de n'avoir que le Fort-Royal pour Garnison ; il observe qu'il est de son devoir, d'après même son serment, de voler, avec zele, au secours de la Colonie lorsqu'il en sera requis légalement.

Arrêté que copie de la présente Délibération sera remise à M. le Baron de Clugny & à MM. les Députés de l'Assemblée Générale Coloniale de la Guadeloupe, en les priant d'être auprès des Citoyens de Saint-Pierre, & de ceux des Colonies voisines qui s'y trouvent présentement réunis, l'organe de l'expression de ses desirs qui tendent tous à rendre à Saint-Pierre sa premiere tranquillité, & l'engage à oublier ce qui s'est passé.

Fait au Fort-Royal, le Régiment assemblé, ce 9 Mars 1790. *Signé*, Castella, Major ; Derolland, pour les Capitaines ; Dauries, pour les Lieutenans ; de La Prade, pour les Sous-Lieutenans.

Collationné, CRASSOUS DE MEDEUIL.

N°. V I I I.

RÉPONSE de la Municipalité de Saint-Pierre Martinique, au Régiment de la Martinique.

A l'Hôtel-de-Ville, ce 14 Mars 1790.

MESSIEURS,

LE Peuple de Saint-Pierre a reçu avec satisfaction, votre Délibération du 9, dont MM. Rouffel & la Cardonnerie étoient porteurs.

Défenfeurs de la Patrie, l'hommage que vous venez de lui rendre, ne pouvoit que lui être agréable ; ce font des Citoyens qu'elle aime à voir dans ceux à qui elle a confié les armes protectrices de la fûreté ; cette belle qualité devenant déformais l'apanage de tous les François, rien ne peut plus altérer dans aucune partie du monde la gloire dont la Nation fe couvre par tant de fublimes travaux. Nous avons l'honneur, &c.

Les Officiers Municipaux.

Signé ; THOUMASEAU , Maire.

Collationné , CRASSOUS DE MEDEUIL.

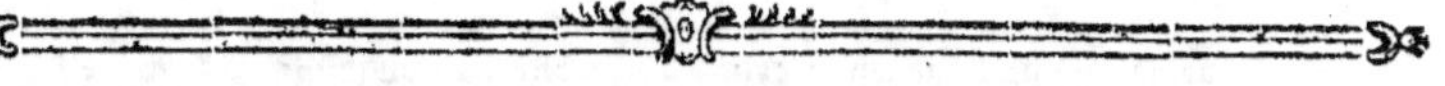

PIECES JUSTIFICATIVES.

§. VI.

LE Peuple de la Pointe-à-Pitre , Isle Grande-Terre-Guadeloupe, au Peuple de Saint-Pierre, Isle Martinique.

Le premier Mars 1790.

N°. I.

BRAVES COMPATRIOTES , GÉNÉREUX AMIS , BONS FRERES ,

Il eſt enfin arrivé ce tems heureux où l'homme ne ſera diſtingué que par ſes talens & par ſes vertus. Des colifichets & des parchemins, brigués par la baſſeſſe, ou vendus à l'intrigue , n'établiront plus une différence injurieuſe ; & celui qui n'aura que des titres ſans mérite , ſera déſormais placé dans la derniere claſſe des Citoyens.

Qu'il eſt douloureux pour des ames ſenſibles , que cette inſurrection de la raiſon, ce triomphe de la Philoſophie , n'ayent pu s'opérer que par des moyens violens ! Mais celui qui n'exiſte que par les abus , cede-t-il volontairement le pouvoir qu'il a uſurpé ? Nous avons gémi ſur l'état de diſcorde auquel vous avez été ſi long-tems livré ; nous avons admiré votre conſtance & votre fermeté ; mais nous n'avons encore eu occaſion que de former des vœux pour le ſuccès de votre tendance irréſiſtible vers le bien Public.— Aujourd'hui que le Vaiſſeau de la félicité publique étoit au port , vous éprouvez une tempête plus affreuſe que jamais. Les ennemis du bien public vous menacent, vos fortunes, vos jours ſont en danger; le trouble peut être, dans un moment , porté à ſon comble ; que peuvent faire des freres , ſi ce n'eſt d'aller au ſecours de leurs freres , lorſqu'ils ſont en péril ?

Cette adreſſe a pour objet eſſentiel de vous offrir les foibles moyens qui ſont en notre pouvoir , pour ramener le calme , rétablir la tranquillité , & rappeller le bonheur parmi vous.

Donné en Comité , fur la Délibération prife par le Peuple affemblée le premier Mars 1790.

Signé , Trouncl, Préfident ; Carcier , jeune , Commiffaire du Peuple ; Bébian , Prayffac, Cheilan , Vian , Ducaffe , Magagnos , Daraffe , pere ; Mory , Marcadier , Arnault , Cadiot , Lefoulon , Delort , Gaffier , Champy , Blondel , Secrétaire.

Collationné , CRASSOUS DE MEDEUIL , Secrétaire-Greffier.

N°. I I.

LETTRE écrite par le Peuple de Saint-Pierre au Comité , & au Peuple de la Pointe-à-Pitre , Ifle Guadelope.

Du 3 Mars 1790.

BRAVES ET GÉNÉREUX AMIS , VRAIS CONCITOYENS , CHERS FRERES ,

Notre ame s'eft élevée , notre courage s'eft aggrandi à l'arrivée de nos Frères, à la vue de vos offres généreufes. Combien nous avions befoin d'une confolation auffi douce ! Nous étions tranfportés d'indignation ; le Régiment de la Martinique, non content de la trahifon dont deux Compagnies s'étoient entachées , non content de nous avoir déclaré une guerre odieufe, de fe préparer depuis huit jours à porter le fer & le feu au milieu de nous, venoit de fe couvrir d'ignominie , en réclamant des uniformes déshonorés par ceux qui les portoient ; en exigeant la reftitution des armes , dont nos mains fe fervent pour le repouffer ; nous étions encore pénétrés de l'horreur que nous avoit infpiré une pareille conduite , lorfque vous êtes venus répandre le beaume falutaire dans notre fein : patriotifme , générofité, zele ardent pour le bien public, horreur du defpotifme, tous les fentimens qui honorent l'homme , caractérifent votre noble & fublime démarche. Freres à jamais chéris ! ce n'eft pas de la reconnoiffance feule que vous nous infpirez ; c'eft de l'enthoufiafme ; c'eft un dévouement invincible à la chofe publique. Qu'ils viennent , nos perfides ennemis ; qu'ils contemplent cet accord des vrais Citoyens ! Nos Freres de la campagne font avec nous , ou vont y venir au premier fignal. Nos Freres de Sainte-Lucie font prêts à partir. Nos Freres de la Pointe-à-Pitre fe font embrâfés au récit de nos dangers ; ils volent à notre fecours. Venez , braves Concitoyens ; vous ferez reçus avec

transport

tranſport dans une Ville où la même cauſe arme tous les bras , où le même ſentiment anime tous les cœurs, où ce ſera une gloire plus belle de vous faire participer **au** triomphe qui ne peut plus nous échapper contre nos déteſtables oppreſſeurs.

Fait & arrêté en l'Aſſemblée de la Commune , en préſence du Peuple de Saint-Pierre-Martinique , le 3 Mars 1790.

Signé, MARTIN , Secrétaire de la Commune.

Collationné, CRASSOUS DE MEDEUIL.

Nº. I I I.

EXTRAIT de la délibération de l'Aſſemblee Générale Coloniale de la Guadeloupe , ſéante à la Baſſe-Terre.

Le 2 Mars 1790.

M. Coquille du Gommier à propoſé de décréter une adreſſe à nos freres de Saint-Pierre Martinique , dans laquelle il leur ſera exprimé combien la Colonie prend d'intérêt & de part au trouble qui les affligent , avec offre de ſecours de tous les genres ſi les circonſtances l'exigent.

Les jeunes gens de la Baſſe-Terre , préſent à l'Aſſemblée , enflammés par cette propoſition vraiment fraternelle & patriotique , ont offert d'envoyer des Députés choiſis parmi eux pour porter cette Adreſſe , en aſſurant qu'ils étoient tous diſpoſés & prêts à voler au ſecours de leurs freres de Saint-Pierre.

L'Aſſemblée a unanimement approuvé la propoſition de M. du Gommier & accepté l'offre de Députation des jeunes gens de la Baſſe-Terre.

M. le Préſident a témoigné aux jeunes gens la ſatisfaction que l'Aſſemblée reſſentoit de leur offre, de leurs ſentimens & du zele actif qui les anime. Il les a invités à ſe nourrir conſtament des vertus qui ont toujours diſtingué les ames Citoyennes & généreuſes des Colons de la Guadeloupe.

Signé, GUILLERMIN , Secretaire ; BLIN , Sécretaire-Adjoint.

Collationné CRASSOUS DE MEDEUIL.

Suite de la Délibération ci-deſſus du 3 Mars.

Lecture faite de la Délibération des jeunes gens de la Baſſe-Terre qui ont nommé MM. Bouge, Léon Valéau, Barthez, & Gillet aîné, & pour Suppléans au cas de

N

refus ou maladie, MM. Thierry fils, Coquille fils , Michineau & Vitalis cadet.

Il a été arrêté qu'en exécution de la Délibération d'hier l'adresse à nos freres de Saint-Pierre leur sera remise ,

Collationné GUILLERMIN , Sécretaire; BLIN Sécretaire-Adjoint

Collationné , CRASSOU MEDEUIL.

Nº. I V.

Le Comité de la Pointe-à-Pitre à la Municipalité de Saint-Pierre ,
Isle Martinique.

Du 5 Mars 1790.

Braves Compatriotes, Courageux Amis , Bons Freres.

Votre adresse du 3 de ce Mois , nous fut remise hier à 5 heures du soir ; sur sa teneur , nous avons sur le champ , assemblé les Citoyens , qui ont unanimement arrêté de vous faire passer les secours qu'ils avoient offerts sons le commandement de M. Faydel, l'un des quatre Chefs de Quartier de la Garde Bourgeoise ; ce secours part ce matin. M. Cadiot y a joint 22 fusils qu'il avoit dans son magasin , & qu'il adressé à M. F. Delhorme pour vous les offrir.

Dès hier , à 8 heures du soir, nous avons fait partir des courriers avec des copies de votre réponse , pour l'Assemblées Générale Coloniale de la Basse-Terre & pour les Comités de Marie-Galante, de Sainte-Anne, de Saint-François , du Moule , & du Port-Louis de la Grande-Terre.

Nous faisons des vœux pour que votre courage enchaine bientôt la fureur ridicule das Auteurs de tous vos maux.

Fait en Commité à la Pointe-à-Pitre , le 5 Mars , à 8 heures du matin.

Signé , Troussel , Président ; Chellan , Vice-Président ; J. Cadiot, Braissas , Marcadier, Mory , Carnier le jeune, Auffray, Maganos , Le Gassiers , De Foulon , Lombard , Blondel , Secretaire.

Collationné, CRASSOU DE MEDEUIL.

N. V.

Procès-Verbal de la Baſſe-Terre-Guadeloupe.

Aujourd'hui 5 Mars 1790, de relevée, pardevant le Notaire-Royal de l'Iſle-Guadeloupe et dépendances, de la réſidence de la Baſſe-Terre ſouſſigné, préſens témoins requis & auſſi ſouſſignés.

Sont comparus les jeunes Citoyens de la Baſſe-Terre, que la brieveté du temps ne permet pas de dénommer ſéparément; leſquels ont déclaré, qu'étant informés que leurs Freres, habitans de la Ville de Saint-Pierre-Martinique, ſont actuellement expoſés à toutes les ſuites d'une inſurrection militaire qui menace leur ſûreté & leur repos, & les a obligés à prendre les armes, pour oppoſer les moyens d'une légitime défenſe; eux, comparans, ſe ſont préſentés à l'Aſſemblée Générale Coloniale de la Guadeloupe, laquelle avoit déjà voté des ſecours pour leurs Freres de la Martinique, & ayant à leur tête le Sieur Coſolini de Beaumelle, qu'ils ont choiſi pour leur Préſident, à l'effet de dénoncer à ladite Aſſemblée le beſoin preſſant des Citoyens de Saint-Pierre. A quoi ladite Aſſemblée Générale Coloniale ayant eu égard, par un Décret paſſé ſur-le-champ; leſdits comparans ont demandé M. Coquille du Gommier, Chevalier de Saint-Louis pour les commander.

Les Citoyens de Baſſe-Terre ſe ſont incontinent préſentés au Gouvernement, à l'effet de faire part à M. le Baron de Clugny, Gouverneur, de la délibération de l'Aſſemblée, & du zele patriotique des jeunes Citoyens de la Baſſe-Terrre : ils lui ont en même temps demandé des armes, que M. le Gouverneur leur avoit fait délivrer auſſi-tôt, & la Frégate du Roi, commandée par M. de Brayes, pour les porter à Saint-Pierre; mais qu'à cet égard, M. le Gouverneur leur avoit répondu, qu'il ne le pouvoit pas ſans le conſentement de M. de Brayes. Que M. de Brayes, conſulté & requis à cet effet, a répondu qu'il dépendoit du Commandant de la Station; mais qu'il recevroit avec plaiſir l'ordre de tranſporter leſdits comparans; que les comparans ſe ſont retirés, & ont délibéré de s'embarquer ſur le bateau du Sieur Pédémonté; qu'ils ont alors rencontré M. le Gouverneur qui venoit leur offrir la frégate pour s'y embarquer avec eux, & aller enſemble à Saint-Pierre; mais que, vu les premiers refus de M. Brayes, ils proféroient d'aller par un bateau, ſous les ordres de M. Coquille du Gommier, qu'ils ont choiſi pour les commander, quelques gênes qu'ils ſoient expoſés à y endurer, préférant, en cette occaſion, les moyens les plus prompts, en faveur de leurs Freres attaqués, & les plus propres, pour eux-mêmes, à juſtifier qu'ils n'ont beſoin du véhicule d'aucune autre intervention, pour agir dans la circonſtance préſente, comme ils deſireroient qu'on en agit pour eux en pareil cas ; de tout quoi , ils ont requis le préfent procès-verbal pour demeurer ès-minutes du Notaire fouffigné ; lequel a requis de ne recevoir aucun honoraire à titre de contribution patriotique. Fait & paffé , &c.

Signé , ARTHUR REYNAULT , Notaire.

Collationné , CRASSOUS DE MEDEUIL.

N°. V I.

Lettre écrite par l'Affemblée Générale Coloniale de la Baffe-Terre-Guadeloupe , à MM. les Officiers-Municipaux.

Du 5 Mars 1790.

C H E R S C O M P A T R I O T E S ,

Sur la premiere nouvelle de la pofition critique de la Ville de Saint-Pierre , l'Affemblée Générale Coloniale s'eft empreffée de vous faire des offres de fecours. par une adreffe que les jeunes Citoyens de cette Ville devoient vous porter par Députation agréée de l'Affemblée ; au moment où ces Députés fe difpofoient à partir , des nouvelles poftérieures ont augmenté nos alarmes pour votre Ville. — L'Affemblée s'eft , fur-le-champ , déterminée à envoyer les fecours qu'elle vous offroit ; en conféquence les jeunes gens ont choifi MM. Coquille du Gommier & Fleury de Ramfay , Membres de cette Affemblée , pour être à leur tête ; fur la connoiffance qui a été donnée à M. le Baron de Clugny , notre Gouverneur , de ce dernier arrêté , il s'eft préfenté lui-même à l'Affemblée ; il lui a annoncé qu'il partoit pour Saint-Pierre dans les vues d'employer tous les moyens de conciliation qui pourroient être en fon pouvoir. Il a demandé que l'Affemblée voulut bien nommer une Députation de plufieurs de fes Membres pour concourir au fuccès de fes vœux , en faifant avec lui le voyage de la Martinique. L'Affemblée adoptant cette propofition , a nommé pour Députés à Saint-Pierre MM. de Bondoir , de Clair-Fontaine , de Bragelogne & Drouillard ; Membres de l'Affemblée.

Ces Députés vous renouvelleront nos fentimens fraternels & le dévouement avec lefquels nous avons l'honneur , &c.

Signé , RADEAU DU TREIL , GUILLERMIN , Secrétaire ; BLIN , Secrétaire-Adjoint. L'Affemblée Générale , Coloniale de la Guadeloupe , tenante.

Collationné , CRASSOUS DE MEDEUIL.

N°. VII.

Copie d'une Lettre de M. le Baron de Clugny, Gouverneur-Général de la Guadeloupe, écrite le 6 Mars 1790, à bord de la Fregate la Senfible, en rade de Saint-Pierre, à M. de Thoumafeau, Maire.

MONSIEUR,

L'Affemblée générale coloniale de la Guadeloupe, alarmée des bruits qui fe répandoient fur la fituation critique où fe trouvoit la Ville de Saint-Pierre, s'empreffa d'accueillir la propofition qui lui fut faite par les jeunes Citoyens de la Baffe-Terre, de venir vous offrir tous les fecours qui dépendoient d'elle : on arrêta en conféquence qu'il feroit fait une adreffe à la ville de Saint-Pierre ; que quatre jeunes gens, députés à cet effet, devoient lui préfenter ; mais, fur les nouvelles apportées le 4 de ce mois, par le Paquebot de Sainte-Lucie, la jeuneffe de la Ville vint en foule à l'Affemblée, & demanda à partir fur-le-champ ; d'après la connoiffance qui me fut donnée, & des nouvelles reçues, & des fecours qu'on fe préparoit à envoyer à Saint-Pierre, je me fuis rendu à l'Affemblée pour y annoncer la réfolution que je prenois moi-même de venir vous offrir mes fervices, & employer tous les moyens de conciliation qui feroient en mon pouvoir ; j'ai prié l'Affemblée de m'adjoindre quelques-uns de fes Membres, pour concourir avec moi aux fonctions honorables que je defirois de remplir.

Cette propofition ayant été acceptée, elle a députe vers vous quatre de fes Membres, qui fe font embarqués avec moi à bord de la frégate la Senfible.

Nous avons appris, au moment de notre départ, que la tranquillité étoit rétablie, & que vous jouiffez des douceurs de la paix ; cette nouvelle nous a comblés de joie ; mais l'Affemblée a jugé convenable que fes Députés continuaffent leur miffion, & je n'ai pas voulu m'en féparer.

J'ofe me flatter que le Peuple de Saint-Pierre voudra bien confidérer ma démarche comme celle d'un bon Citoyen, animé du bien public, & qui ne forme des vœux que pour voir régner l'union & la concorde parmi fes Freres. Je n'aurai rien à defirer, fi mes Compatriotes daignent rendre juftice à la vérité de mes fentimens.

Les jeunes gens de la Baffe-Terre nous fuivent dans un bateau : ils ont à leur tête MM. Coquille du Gommier & Fleury de Ramfay, Citoyens auffi recommandables par leur patriotifme que par leurs anciens fervices.

Je vous prie de ne pas douter combien je fuis flatté que cette occafion me mette à portée de vous offrir particulierement l'hommage des fentimens du fincere & refpectueux attachement avec lequel j'ai l'honneur, &c.

Signé, CLUNY.

Collationné, CRASSOUS DE MEDEUIL.

Nº. VIII.

Adreffe du Comité du Moule, Grande-Terre-Guadeloupe, à la Municipalité & Commune de Saint-Pierre.

Du 5 Mars 1790.

BRAVES CONCITOYENS, FRERES MALHEUREUX,

Nos Freres de la Pointe-à-Pitre nous ont tranfmis l'adreffe que vous leur avez faite le 3 de ce mois, & nous voulons nous joindre à eux, pour vous porter le fecours qui eft en notre pouvoir. Vous êtes en danger : pouvons-nous être tranquilles fur le fort de nos Freres, de nos voifins? Nous avons rendu publique dans le quartier, la pofition dans laquelle vous vous trouvez ; &, raffemblés extraordinairement, nous nous fommes formés en Comité provifoire, pour vous adreffer les Citoyens de bonne volonté qui fe font trouvés à l'inftant prêts à partir. Notre vœu feroit de décupler ce foible fecours ; mais comptez fur nos fentimens & fur de nouveaux efforts, fi le cas l'exige. Nous fentons combien il eft inutile de vous recommander nos Freres. Ils ont tout quitté pour vous porter fecours, & répandre, s'il le faut, la derniere goute de leur fang pour fauver votre liberté & vous rendre le repos qu'ofent troubler des parjures. Nous fommes, &c.

Signé, CRONIER, DEMONTIER, fils, Préfident ; BOISSOU, DUPLAN, MACDUFF, DUPEYER, L. HUREL, Secrétaire.

Collationné, CRASSOUS DE MEDEUIL.

N°. IX.

Le Comité de Sainte-Anne, au bon & génereux Peuple de la Ville Saint-Pierre-Martinique, & aux Officiers-Municipaux.

MESSIEURS,

« La résistance que vous opposez à l'oppression, nous a pénétré du sentiment le plus grand, le plus généreux et le plus patriotique ; celui de nous joindre à vous. Nous n'aurions pas tant tardé à vous faire connoître nos intentions, si, comme nos Freres de la Pointe-à-Pitre, nous aurions été instruits à propos de votre situation ; aussi dès le moment que le Comité de cette Ville nous a communiqué l'état de danger auquel vous êtes exposés, l'horreur qu'il nous a inspirée pour la tyrannie et le despotisme, nous a fait passer, de l'état d'accablement où votre position nous avoit plongés, à la fureur de l'enthousiasme ; &, de suite, nos bons Citoyens de Sainte-Anne, d'un accord unanime, ont résolu de voler à votre secours, & de participer à la destruction de vos oppresseurs. Ils se sont dit, les uns aux autres « La Cause de nos freres de la Martinique, est la nôtre ; & si nous avons le malheur d'être dans le même cas un jour ; ils en agiront de même à notre égard, heureux si, par le sacrifice de nos vies, nous participons à leur procurer la paix & la tranquillité que nous leur désirons ! »

C'est avec le plus grand intérêt que nous apprendrons une réconciliation, ou la victoire que nous ne doutons pas devoir être la récompense pour le bonheur général de ceux qui combattent ; en conséquence, nous vous prions de vouloir bien nous honorer d'une lettre par la premiere occasion. Nous sommes, &c. *Signé*, FRANÇOIS LAPORTE, BEISSON ; GANAUX, Secrétaire.

Nous vous observons, Messieurs, que M. Vilette, membre de notre Comité, & ancien militaire, porteur de la présente, a été choisi par les Citoyens qui vont chez vous, pour leur Chef.

Collationné, CRASSOUS DE MEDEUIL.

N°. X.

Lettre du Président de l'Assemblée-Générale Coloniale de la Guadeloupe, séante à la Basse-Terre, à la Commune & à la Municipalité de Saint-Pierre.

Du 9 Mars 1790.

CHERS COMPATRIOTES,

Je vous recommande, de la part de l'Assemblée-Générale Coloniale, un nouveau renfort de Citoyens des Paroisses du Port-Louis & du Petit-Canal, qui se présentent pour nous demander des armes & voler au fecours de votre bonne Ville de Saint-Pierre. Ils n'ont qu'un regret, c'eft d'avoir été informés trop tard de votre malheureufe pofition, & de n'avoir pu fe réunir à ceux de leurs Compatriotes qui font déjà rendus chez vous.

Nous leur avons fait délivrer les armes qu'ils defirent ; &, pour ne mettre aucun obftacle à l'impatience qu'ils nous ont témoignée, nous leur avons délivré la préfente, non pour leur fervir de recommandation, puifqu'ils l'emportent avec eux, mais pour vous donner une preuve de la fatisfaction avec laquelle nous avons vu leur zele & leur patriotifme.

Je fuis, &c.

Signé, BLIN, Préfident; WYMAN & GUILLERMIN, Secrétaires.

Collationné, CRASSOUS DE MEDEUIL.

N°. X I.

Lettre des Habitans de la Souffriere-Sainte-Lucie, à la Commune & à la Municipalité de Saint-Pierre.

TRÈS-CHERS COMPATRIOTES ET TRÈS-CHERS FRERES,

Les Citoyens de la Souffriere-Sainte-Lucie, n'ont pu refter Spectateurs tranquilles des troubles qui vous affligent. Ils n'entreront point dans les motifs qui les fuggerent, perfuadés qu'un levier ariftocratique les dirige. Ils ont l'honneur de vous envoyer copie d'une Délibération prife le 28 du paffé : vous y verrez le zele qui les animoit & qui les anime encore. Plufieurs d'entr'eux volent à votre fecours, en attendant qu'ils puiffent fe réunir en plus grand nombre, pour vous aller joindre & vous donner des preuves de leurs fentimens vraiment patriotiques, au retour prochain du bateau qui les porte.

Ils ont l'honneur, &c.

Signé, HALLAY, LAFON, DEVAUX, St. PHILIPPE, Députés.

Souffriere, ce 9 Mars 1790.

Délibérations des Habitans de la Souffriere-Sainte-Lucie.

Aujourd'hui 28 Février 1790, les Habitans de la Souffriere, inftruits des troubles qui agitent leurs Compatriotes de la Martinique, & *que M. le Comte de Vio-*
menil

menil a follicité des fecours de Troupes de M. de Gimat , *Gouverneur de cette Ifle* , fe font affemblés dans l'Eglife , & ont unanimement décidés que monduit fieur de Gimat n'a pas le droit d'employer fes Troupes contre les Citoyens , d'après le ferment folemnel qu'il en a fait ; & que , s'il étoit affez imprudent (ce que l'on ne fuppofe pas) de céder aux ordres & follicitations dudit fieur de Viomenil , déclarent lefdits Habitans, protefter contre fa démarche , fauf à prendre contre lui toutes les voies autorifées par les Loix de la nouvelle Conftitution ; déclareront fon Gouvernement vacant , & promettent , dans le cas où fes Troupes s'embarquent , de s'affembler avec leurs fournimens de guerre pour voler au fecours des Patriotes de Saint-Pierre.

Beaucoup de Citoyens ont figné fur le Regiftre.

Extrait & conforme aux Regiftres de la Paroiffe de la Souffriere. *Signé* , HALLAY, LAFON, DEVAUX, SAINT PHILIPPE , Députés.

Collationné , CRASSOUS DE MEDEUIL.

Nº. XII.

Lettre de MM. les Commiffaires du Comité de Marie-Galante, à la Commune & à la Municipalité de Saint-Pierre.

Grand-Bourg-Marie-Galante , le 10 Mars 1792.

MESSIEURS NOS CONCITOYENS , FRERES ET AMIS ,

Les Citoyens de cette Colonie ont pris le plus vif intérêt aux troubles qui ont agité la vôtre , & nous aurions tous defiré pouvoir contribuer au rétabliffement de votre tranquillité individuelle. Aux premiers bruits qui fe répandirent ici de votre incendie , les Citoyens de ce Bourg préfenterent au Comité une Adreffe tendante à vous offrir des fecours. Animez des fentimens Patriotiques , & defirant faire caufe Commune , les difpofitions de départ fe faifoient , lorfque des lettres particulieres de chez vous , en date du 5 de ce mois , nous ont tranquillifés , fans ralentir notre zele.

Nous vous remettons , Meffieurs, ci-inclus , par M. Quentin , Citoyen & bon Patriote , l'extrait de l'arrêté qui a eu lieu , à ce fujet, & de la Délibération de ce jour. Il vous participera de vive voix les fentimens qui nous animent.

Nous fommes, &c.

Signé , CASTAYDE & HERISSON.

Collationné, CRASSOUS DE MEDEUIL.

O

N°. X I I I.

Le Peuple de Saint-Pierre à M. le Baron de Clugny , Gouverneur de la Guadeloupe , & MM. les Députés de l'Assemblée Générale Coloniale ne la Guadeloupe.

GÉNÉREUX PATRIOTES,

Vous avez paru au milieu de nous comme des Conciliateurs , comme les ministres de la paix pour nous offrir votre médiation & pour concourir par la conciliation à nous rendre le calme; pour seconder par les moyens les plus doux , la défense vigoureuse que vos Concitoyens sont venus fortifier contre les ennemis de notre repos.

Vous ne connoissiez pas encore toute la justice de notre cause & bientôt vous vous êtes convaincu que la plus noble démarche , la plus digne de votre cœur étoit d'aller vers le Régiment, de lui faire sentir que l'honneur ne lui permettroit pas d'hésiter à nous donner toute satisfaction. Vous remercier des peines que vous avez prises, des efforts que le Patriotisme vous a inspiré seroit une offrande au-dessous de vous ; votre récompense est dans le succès que les Citoyens ont obtenu , dans la joie que vous devez remporter de voir la tranquillité ramenée , dans l'espoir que ces événemens fâcheux dans le principe, peuvent tourner à la plus grande sûreté & prospérité de Colonies. Nous sommes , &c.

Signé, les Officiers Municipaux & Membres de la Commune.

Collationné, CRASSOUS DE MEDEUIL.

N°. X I V.

Le Peuple de Saint-Pierre-Martinique à tous les Citoyens Français des Isles du Vent.

CHERS ET GÉNÉREUX CONCITOYENS,

Le voile qui nous déroboit nos propres forces, est enfin déchiré ; vous vous êtes élancés du sein de vos paisibles retraites ; & l'ennemi de notre repos, contemplant cette famille de Citoyens armés , a frémi de voir que le noble sentiment qui nous animoit, nous rendoit invincibles ; le Régiment de la Martinique avoit fermé les yeux fur la violation que des Soldats avoient faite du ferment le plus folemnel ; & il a enfin livré ces coupables à la Juftice, vengereffe de la Nation. Il avoit voulu femer la terreur, & il a défavoué des projets d'hoftilités ; il avoit fait des réclamations, & il a reconnu que la défenfe du Peuple étoit la feule qu'il dût entreprendre, la feule qui convînt à tout ce qui porte le nom Français. Le Patriotifme l'emporte donc dans toutes les ames ! Triomphez, vous qui, de toutes les parties de cette Colonie, avez abandonné vos habitations pour vous attacher au Peuple perfécuté ; vous, braves Amis de la Grande-Terre & de la Guadeloupe, qui franchiffant les mers, bravant tous les dangers, êtes venu nous offrir l'épée qui devoit nous rendre la paix ; vous, nos freres de Saint-Lucie, qui avez furmonté tous les obftacles, pour participer à la même caufe ; vous Citoyens de Marie-Galante & de toutes les Ifles, qui étiez prêts à voler, fi en apprenant nos maux vous n'euffiez en même-tems appris que notre tranquillité étoit affurée ; vous tous Français, glorieux de l'être, dignes de la régénération de la liberté & du bonheur, triomphez ! Cet inftant fera marqué dans les faftes de la gloire ; recevez l'hommage de vos Freres que vous avez fecourus ; recevez le gage de leur indiffoluble amitié : nous vous jurons, au nom de la Patrie, de réunir conftamment nos efforts pour combattre l'horrible defpotime, par-tout où il voudra fe montrer, pour combattre tous les ennemis qui pourroient s'élever contre vous, pour appeller, au milieu de ces Ifles, l'heureufe Conftitution, les Loix propices que nous devons attendre des Auguftes repréfentations de la Nation.

Fait & arrêté en l'Affemblée de la Commune, en préfence du Peuple, le 12 Mars 1790. *Signé*, MARTIN, Secrétaire de la Commune.

Signé, CRASSOUS DE MEDEUIL.

Nous certifions que les Pieces Juftificatives font conformes aux expéditions qui nous ont été délivrées par la Municipalité de Saint-Pierre, que nous remettrons fur le Bureau de l'Affemblée Nationale. A Paris, 31 Juin 1790.

ARNAUD DECORIO, RUSTE, Députés.